JN320157

コミュニカティブ・テスティングへの挑戦

根岸雅史
東京都中学校英語教育研究会 [編著]

A Practical Guide to
Communicative Testing

三省堂

装丁　三省堂デザイン室

コミュニカティブテストをあなたの手で

　東京都中学校英語教育研究会（通称：都中英研）では，昭和32年（1957）以来，英語教育の向上のために，英語学力調査を全都内の希望校に実施してきました。現在，「英語コミュニケーションテスト」と称する本テストは，テストを指導に生かし，授業を改善するために役立てることを基本方針としています。そのため，当初からリスニングテストを取り入れ，「語彙・文法，読む力，書く力，聞く力」の領域別に問題を作成し，改善点を明確に示しました。今日でこそ，観点別評価のために領域別問題の作成は当然と考えられますが，50年前の当時では画期的なことといえるでしょう。そのあとも言語活動に基盤におき，時代の先を見通した問題作成を目指して改善を重ね，平成12年度には語学教育研究所より「外国語教育研究奨励賞」が授与されました。年来の「コミュニカティブテストを目指しての取り組み」が全国的に評価されたことは，感謝とともに大きな誇りであります。

　さて今日，現場の先生方は授業でコミュニケーション活動を展開され，国際人としての態度や実践的なコミュニケーション能力の育成に日々努力されています。しかしながら，定期テスト問題が授業の変化に対応して適切に作成されているかとなると，はなはだ心許なくもあります。評価の材料は授業時の観察・実技・作品など多様ですが，集大成である定期テストが重要であることは，学習者・教授者にとっても変わりはありません。実際の問題が言語の知識理解・語彙・文法・読解・英作文などの形態であっても，これらを通してコミュニケーション能力を測るという意識が問題作成の基本になければなりません。そのためには，問題文が生きた言語としての英語の表現であることや，コミュニケーションの必然性のある場面であることが必要なのです。前後の文脈と関連のない文，言語を記号のように扱う技術的な問題は，コミュニカティブな授業とは相いれないものです。

　この矛盾に気づきながら，どのような視点でテスト問題作りをしたらよいのかを悩まれている先生方は多くおいでです。以前，都中英研の担当である調査部も同じ悩みを抱えました。それを改善するために調査部は，問題の場面は英語が使われる自然な状況だろうか，コミュニケーション能力を測る問題であろうかと，検討に検討を重ねました。ここ10年来検討した結果，問題作成上の考え方や理論が整理され，良問の事例の数々が蓄積されました。これらの実践を本としてまとめることで，「今」テスト作りに悩まれている先生方のお役に立てることができるならば，という願いが本書を公刊する大きな動機です。そのために，多忙な先生方がそのままですぐに使うことができるようにと工夫しました。さらに，本書を参考にして，先生方がよりコミュニカティブなテスト作りへ挑戦していただくことを強く願っております。

　最後に，ご指導を賜わりました東京外国語大学教授の根岸雅史先生，そして都中英研・調査部員の方々のご努力に心から御礼申し上げます。

東京都中学校英語教育研究会会長　備里川正人

目次

コミュニカティブテストをあなたの手で………iii
はじめに………vi

第1章　コミュニカティブ・テスティング以前　　2

　A　テストの建設的な議論に向けて………2
　B　「良いテスト」が備えるべき条件………2

第2章　コミュニカティブ・テスティングとは？　　6

　A　なぜコミュニカティブ・テスティングか？………6
　B　コミュニカティブ・テスティングが備えるべき要件………7

第3章　コミュニカティブ・テスティングの実際　　8

　A　リスニングのテスト………8
　B　リーディングのテスト………20
　C　ライティングのテスト………34
　D　文法のテスト………50
　E　語彙のテスト………55

第4章　スピーキングのテストの実際　　63

　A　広まるスピーキング・テスト………63
　B　コミュニカティブなスピーキング・テストとは？………63
　C　スピーキング・テストの採点をどうするか………65
　D　スピーキングをどう測るか：スピーキング・テストのタイプ………68

CONTENTS

第5章　英語の定期試験作成のポイント　　80

1. 指導目標・到達目標を立てよう………80
2. まず設計図を作ろう………81
3. 大問ごとに問題のタイトルを付けてみよう………82
4. 解答の正誤に，タイトルに掲げた能力がかかわっているか確認しよう………83
5. ごった煮問題，特に総合問題はやめよう………83
6. 十分な問題数を確保しよう………84
7. 直接テストできるものがないか点検しよう………85
8. 読解問題では，問題同士の依存がないか確認しよう………85
9. 理解力を問う問題は，テキストなしで解答でないか確認しよう………86
10. 問題の最終チェックをしよう………86

第6章　都中英研英語コミュニケーションテストの分析結果　　88

- A　平成17年度都中英研英語コミュニケーションテスト3年生………89
- B　テスト統計用語解説および分析結果………112
- C　テスト分析結果解説………140
- D　過去の項目分析例（こういうテスト項目は問題だ―項目分析の結果から）………141

参考文献………145
おわりに………146
テストが変われば生徒が輝く………147
索引………148

はじめに

　それは，今から10年ほど前のことである。東京都の中英研調査部の先生方とのテスト作りに，私はアドバイザーとして，参加することになった。それまでは，若林俊輔先生，金谷憲先生，田辺洋二先生，羽鳥博愛先生といったそうそうたる先生方に，1年ごとにアドバイザーをお願いしていたそうだ。そのあとを引き継ぐのは，若輩者の私にはかなり荷が重かったが，先生方の熱意に押されて引き受けてしまった。だいぶ頼りないアドバイザーではあったと思うが，都中英研の先生方からすれば，私が若輩者であるだけに，意見や疑問点を率直にぶつけやすかったのかもしれない。

　私がかかわり始めた頃は，まず，それぞれのテスティング・ポイントを明確にすること，テスト・デザインやテストのスペック（test specifications）を作ることなどを強調したように思う。これらの重要性を参加者の先生方に理解していただくのも，数年はかかった。しかし，これらがある程度理解されるようになると，今度はコミュニケーション能力を測る英語のテストを作りたいということになった。それまでは，都中英研のテストは「中英研調査問題」と呼んでいたが，このあたりから「都中英研英語コミュニケーションテスト」に名前も変えたように思う。

　なぜ「コミュニケーション能力」を測るテストになったのかは，明確には記憶していないが，テストとしてのある程度の体裁を整えたならば，次は，「コミュニカティブ・テスティング」という思いが私にあり，少し私から仕掛けたのかもしれない。しかし，都中英研の先生方は，この新たな挑戦に見事に挑んできてくれたように思う。

　では，私がなぜ「コミュニカティブ・テスティング」を仕掛けたのか，これには少し説明が必要である。私自身の言語テスト研究の対象には，クローズ・テストやその派生型であるC-Test，テストの項目分析，さらに，can-do statementsなど様々なものがある。ただ，アイテム・ライターとしての自分の重要な出発点となると，英国でのコミュニカティブ・テスティング研究であったといってよいだろう。私が最初に英国に留学したときは，留学先のレディング大学はコミュニカティブ・ティーチングの総本山ともいえる場所であった。また，日本に帰ってからは，ケンブリッジ英検のPre-PET（今日のKETの前身）のキック・オフに携わり，アイテム・ライターとして初めてのトレーニングも受けた。こうした経験は，その後，NHKの『リスニング・テスト』という番組や，ベネッセコーポレーションのGTEC for STUDENTSなどにもつながっている。

　都中英研の先生方に「コミュニカティブ・テスティング」を仕掛けてみると，その反応は目を見張るものであった。「コミュニカティブ・テスティング」作りは，きわめて創造的な活動である。先生方は，ひとたび「コミュニカティブ・テスティング」という概念に触れると，さまざまなアイディアが湧いてきた。先生方が持ち寄った問題の中には，本当におもしろいなあと思えるものがたくさんあった。きっと普段の授業もユニークなアイディアであふれているのだろう。そのアイディアが，「コミュニカティブ・テスティング」という概念に触れ，テストへと姿を変えていったのかもしれない。

　私が都中英研のテスト作りにかかわりだしてしばらくたち，これまでの問題をこのままにしておいてはもったいないと考えるようになった。何年か前から，先生方が集まるたびに，「何かにまとめたいね」という声が起こってきた。それがこの度，このような形で実を結んだのである。テストの実例は，実際に使ってもらってもいいし，また，それらのテ

ストの背景にある考え方を知っていただき，自分のテスト作りに生かしてもらってもいいだろう。それぞれのテスト問題の選定および解説は，都中英研のベテランのメンバーにお願いして，全体の統一を図るために，根岸が加筆・修正した。なお，掲載しているテスト問題は，必要に応じて，テスト実施時のものに若干の修正を加えている。それぞれの担当は以下の通りである。

第3章　A [2] リスニングのテストの実例　　　安原美代
　　　　B [2] リーディングのテストの実例　　　門松裕之
　　　　C [2] ライティングのテストの実例　　　本多敏幸
　　　　D [2] 文法のテストの実例　　　　　　　重松　靖
　　　　E [2] 語彙のテストの実例　　　　　　　重松　靖

都中英研のテストにはスピーキング・テストが含まれていないために，これについては別に執筆をお願いした（スピーキング・テスト1・2・3・4・5…本多敏幸担当，6…門松裕之担当）。これらの具体的な問題のほかに，これまでに *Teaching English Now*（三省堂）などの雑誌に掲載していた原稿をもとに，言語テストの一般的な知識や定期テスト作りの原則についてもまとめてみた。また，毎年行っている統計的な分析は一見とっつきにくいのであるが，その読み方についても株式会社教育測定研究所の許可を得て「用語解説」を再録することができた。数字の苦手な方も，少しでも目を通していただければ，新しい発見もあるかもしれない。まだまだ不完全な私たちの「挑戦」であるが，今後のテスト作りの参考にしていただければ幸いである。

　　　　　　　　　　　　　　　　　　　　　　　　　　　　　　　　　根岸雅史

第1章

コミュニカティブ・テスティング以前

A　テストの建設的な議論に向けて

　英語のテストには，実にさまざまな要素が含まれている。したがって，テストの良し悪しを検討しようとすると，あらゆる観点からの議論が可能となる。筆者(根岸)は，これまでに数多くのテスト検討会に参加してきたが，テスト問題を前にした教師の指摘は多岐にわたり，検討のための時間はいくらあっても足りないくらいである。時間が足りないだけならまだしも，議論がかみ合わないことも数多くあった。

　この原因のひとつには，「良いテスト」が備えるべき条件についての共通理解がなかったことが挙げられる。これまで教員養成の中では，その重要性にもかかわらず，テストについてはその理論と十分な問題作成のトレーニングが提供されてきているとは言い難い。教師は，教壇に立つとほぼ同時にテスト作りの重責を任されることになる。しかしながら，特別な指導も訓練もなく作り始めるわけであるから，自分が受けてきたようなテストを作るしかないのが現状である。このような状況では，往々にして，作りやすい問題が引き継がれ，また，その問題タイプのそもそもの理念が忘れ去られてしまう。

B　「良いテスト」が備えるべき条件

　それでは，「良いテスト」が備えるべき条件とは何か。それは，妥当性（validity），信頼性（reliability），波及効果（backwash effect），実用性（practicality）である。とりわけ，「妥当性」と「信頼性」は重要な概念である。それぞれ順に見ていく。

[1] 妥当性（validity）

　まず，「妥当性」とは，テストが測ろうとしている能力や知識を測っているかという観点である。「長さ」や「重さ」を測る場合には，測るべきものを測っていないということは滅多にないが，「知能」や「言語能力」などといった複雑な能力を測ろうとすると，「妥当性」の問題が急浮上してくる。そもそも，私たちが測ろうとしている能力は，どのような構造を持ったものなのかについての合意に達することは容易ではないだろう。また，仮にある程度の合意に達したとしても，その能力をどう測るかが問題となる。

　具体例を挙げよう。「発音」の能力を測定するために，紙と鉛筆によるテスト

（paper-and-pencil test）を採用したとしよう。これまでにいくつもの実証的な研究から紙と鉛筆による発音問題は，実際の発音能力を反映していないということがわかってきている。だとすると，紙と鉛筆による発音問題は，発音のテストとしては妥当性が低いということになる。英語のテストでは，単に「知識」だけでなく，その「知識」を使う「技能」に関する能力も測る必要がある。「泳げるかどうか」を調べるときに，ペーパーテストを使うことが意味のないのと同様に，「英語の発音ができるかどうか」を見るときに，紙と鉛筆によるテストを使うことは意味がない。また，一般に「発音がうまい」といったときに，含まれる「リズム」や「イントネーション」などの要素が含まれていないとすると，「テストすべき能力」と「テストしている能力」に開きがあり，これも妥当性の低さにつながることになる。

　では，どうしたら妥当性の高いテストを作ることができるのだろうか。まず，第一に「テスティング・ポイントを明確にする」ことである。空所補充問題であるとか，多肢選択式問題であるとかといった，問題形式に対する意識はあっても，その問題が英語のどのような能力や知識を問うているのかについて，漠然とした意識しかないことが少なくない。次に，「直接測れるものは直接測る」ということも重要である。上に述べたように，発音の能力は発音させてみて初めてわかるし，スピーキングの能力は話させてみて初めてわかる。テストは間接的になればなるほど，妥当性は下がっていく。さらに，「測ろうとしている能力以外の能力を測らない」という点も心がけておく必要がある。常識だけで解答できてしまうような読解問題や創造力が問われるようなライティング・テストなどは，本来測ろうとしている以外の能力まで測ってしまっている恐れがある。また，これと同様に「採点において，測ろうとしている能力以外の観点から減点しない」ということも重要である。例えば，リーディングの能力を問う問題で，Q&A 形式のテストを出題して，その解答に含まれるスペリング・ミスを減点したとすると，そのテスト結果は必ずしもリーディングの能力を反映しないものになってしまうということである。それから，どのようなテストにおいても，テスト方法の影響（method effect）を避けることはできないということがいわれているが，その意味では，ある能力の測定においてひとつのテスト方法しか用いないということも危険である。いつも同じテスト方法を用いていては，いつも同じ色眼鏡をかけて見ているのと同じで，本当の姿はわからない。テスト作成者は「テストのレパートリーを増やす」ということを日々心がけなければならない。

[2] 信頼性（reliability）

　「妥当性」と並んで重要な観点に，「信頼性」がある。「信頼性」には 2 種類あり，1 つは「テストそのものの安定性」であり，もう 1 つは「採点者の安定性」である。前者は何度測っても同じ結果が出るかどうかといった観点であり，後者は何度採点しても同じ結果が出るかどうかといった観点である。「信頼性」が低ければ，同じ能力でも結果が異なってきてしまうということであり，そのテストが重要であればあるほど，問題となってくる。前者の信頼性を高めるためには，まず，「十分な問題数を確保すること」が最も重要である。一般に同じような弁別力を持つテスト項目（小問）であれば，項目数が多いほど信頼性は高くなるとされる。これは，サイコロを何度も転がしていくと，それぞれの目は 6 分の 1 ずつ出るようになっていくのと同じことである。また，同じ問題数であれば，それぞれのテスト項目の弁別力が高いほど，テ

ストの信頼性は高くなる。テスト項目の弁別力が高いということは，能力の高い受験者が正解し，能力の低い受験者が不正解となる。また，受験者にあまり自由を与えてしまうのも，信頼性の観点からはよくない。この場合の「自由」とは，例えば，「～について書きなさい」というだけの自由作文の指示や，「次の3つの課題の中から1つ選んで解答しなさい」というような指示のことである。受験者に自由があるということは，厳密にいえば，受験者は異なった課題を遂行しているということを意味するのである。また，指示文を明確に書くということも信頼性の観点から重要である。指示文があいまいであると，本来できるはずの受験者が不正解となってしまう。最後に，一般的にいって，客観的な問題は主観的な問題より，信頼性は高くなる。テストが客観的か主観的かというのは，採点の際に主観的な判断を伴うかどうかということをいっているわけだが，テストそのものの安定性も客観テストのほうが高いといえるだろう。エッセイタイプのライティング・テストは2度書いても同じ文章となることはまずないが，多肢選択式の文法問題であれば同じ選択肢を選ぶ可能性は高いだろう。

　こうしたテストそのものの「信頼性」に対して，採点者の信頼性が問題となることもある。採点に当たっては，異なった採点者でも同じ結果が出るかどうかといった採点者間信頼性と，同じ採点者が異なったときに採点しても同じ結果が出るかどうかといった採点者内信頼性とがある。一般に採点者内信頼性のほうが採点者間信頼性より高いとされている。採点者信頼性を高めるには，まず，明確な採点基準を持つことが重要だとされている。また，この採点基準を運用するためのトレーニングも重要である。いくらすばらしい採点基準があっても，それをうまく使いこなせなければ意味がない。また，こうした方策をとった上でも，すべての採点者が同じような結果を出すとは限らないために，できれば複数の採点者で採点することが望ましい。最後に，採点の際には，受験者の名前を見て採点しないということも重要である。受験者の名前を見て採点してしまうと，見ようとしている能力以外の要素に影響を受けてしまうことになる。

[3] 波及効果 (backwash effect)

　「波及効果」とは，テストが学習や指導に及ぼす影響のことである。通常の流れとしては，「学習や指導」があって，その成果を見るために「テスト」が行われるのであるが，「テスト」が重要であればあるほど，どのような「テスト」が行われるかということが「学習や指導」を規定してくるのである。テストの「波及効果」ということを考えると，できるだけ「良い波及効果」を持ってほしいと考えるのが当然であろう。「良い波及効果」を生み出す条件としては，なるべく能力を直接的に測っているという点が挙げられる。これに対して，間接的なテストは「悪い波及効果」をもたらすことが多いといえるだろう。また，場合によっては，当然測るべき能力がテストの中で測られていない場合も「良い波及効果」をもたらしていないと考えられる。例えば，これまでに大学入試センター試験にリスニング・テストが含まれていなかったために，受験者がリスニングの学習をしてこなかったことや，TOEFLやTOEICにこれまでライティングやスピーキングの能力を直接測るテスト問題が含まれていなかったために，受験者はこれらの技能に関する学習を行ってきていなかったと思われる。これらは，いずれも望ましい波及効果とはいえなかったであろう。今日では，大学入試センター試験にはリスニングが，TOEICではスピーキングとライティングがそれぞれ選

択で，TOEFLにはスピーキングとライティングが必修で課されるようになった。これらの導入は，受験者の学習に大きな変化をもたらすものと思われる。

次に，学校内で作成，実施されるテストに関する「波及効果」について考えてみる。生徒がテストに向けてどのような学習をしてくるかは，1つにはそれまでのテストでどのような出題がなされてきているかによっている。生徒は過去の出題傾向をもとに自分たちが求められている学習を推測し，対策を立ててくる。このような状況において，テストが「良い波及効果」をもたらすには，テスト自体がいろいろな意味で良いテストであるのはもちろんのこと，生徒が自分たちに求められているものがどのようなものかわかりやすいテストでなければならない。もう1つ重要な点は，テストの事前のアナウンスをどう行うかである。これまでは，「テスト範囲の発表」というような形で事前のアナウンスがなされることが多かったと思われるが，これでは必ずしも「良い波及効果」を生んできたとはいえないだろう。なぜならば，「テスト範囲」しか発表されない状況では，とりわけ英語の苦手な学習者は何を勉強してきていいのかがわからないのである。そのような生徒にも意味のある勉強をさせるには，「テスト範囲」だけの発表ではなく，もう少し踏み込んだ学習のポイントを発表する必要がある。ただし，能力の高い学習者の集団では，ある程度学習すべき内容を幅広く指定しておくことで，より多くの学習が期待できるともいわれている。

[4] 実用性（practicality）

最後にテストの「実用性」について述べる。これまでに述べてきたようなすべての観点を満たすテストがあったとしても，そのテストがもし実用性を備えていなければ，現実には機能しなくなってしまうだろう。テストの「実用性」は，「作成の実用性」，「実施の実用性」，「採点の実用性」，「解釈の実用性」の4種類に分けて考えられる。ただし，これらの観点のすべてにおいて実用性が高いというテストはないだろう。例えば，作ることがさほど面倒でない「自由作文」は採点が楽ではないだろうし，逆に，まともに作ると手間のかかる「多肢選択式テスト」は採点は機械的にでき，楽であるといえるだろう。また，インタビューによるスピーキング・テストを実施するには，ペーパーテストの実施よりははるかに手間がかかる。ただ，その結果の解釈となると，直接的に能力を見ているインタビュー・テストのほうが容易であろう。テスト作成・実施にかかわる者は，これらの実用性それぞれを吟味して，どの実用性が犠牲にできるのか，どの実用性が優先順位が高いのかなどを総合的に判断することが求められるであろう。

第2章

コミュニカティブ・テスティングとは？

A　なぜコミュニカティブ・テスティングか？

　近年，日本の中高の英語の授業はコミュニカティブ・アプローチによることが多くなった。完全なコミュニカティブ・アプローチでなくても，コミュニカティブな活動を取り込んだ授業を今日では日常的に観察することができる。文法の形式のトレーニングだけでなく，それらをコミュニケーション場面で使う練習がふんだんに用意されている。そこでは，「形式」より「意味」を重視した活動が行われ，誤りを気にせずに習ったことを使ってみるようになっている。

　このような授業の変化にもかかわらず，テストはどうかというとほとんどその姿を変えていないといっていいだろう。英国ではコミュニカティブ・アプローチの登場と時を同じくして，コミュニカティブ・テスティングが登場した。しかしながら，日本においては，このような変化はテストにはもたらされていないというのが現状である。とりわけ，日常的に教師によって作られる定期試験などで，コミュニカティブな問題を目にするということは，きわめてまれである。生徒は授業中いくら一生懸命コミュニケーション活動をやったとしても，成績はこうした活動とはかけ離れたテストによって評価されるのだと思ってしまう。「授業がコミュニカティブになったら，テストもコミュニカティブに」である。

　定期試験における英語のテストの「タスク」を見てみると，およそ現実の言語コミュニケーションに伴う「タスク」とはかけ離れたものであることがわかる。「次の文章を読んで，1～10の中から内容に合うものを選びなさい」などという「タスク」は，テストとしては典型的であるが，現実の生活の中で行うことはない。また，「次の文の空所に適語を補充しなさい」や「次の語句を並べ替えて，意味の通る文を作りなさい」などという「タスク」も，現実の生活の中で行うということもないだろう。また，「これから流れる英語を聞いて，内容と合った選択肢を選びなさい」というようなリスニングの問題があるが，現実の生活では，誰が話しているのかわからない，自分と何の関係もない話を一生懸命に聞くということもあり得ない。このような現実離れした「タスク」の遂行結果から，現実の言語使用場面での「成否」を正確に予測できるとは考えにくい。

B コミュニカティブ・テスティングが備えるべき要件

　では，どのような要件を備えるとテストはコミュニカティブになるのであろうか。それには，いくつかの要件が考えられる。

　1つは，文脈の明示である。テスト問題がどのような文脈で行われているのかを示すことがコミュニカティブ・テスティングでは重要である。これには，そのコミュニケーションが起こっている場面だけでなく，誰が誰に向けて話しているとか，誰が誰に向けて書いているとか，といった情報も含まれる。これらは現実のコミュニケーションではなくてはならないものである。

　2つ目は，タスクのオーセンティシティーである。現実のコミュニケーション場面で行うようなタスクをテストで再現することができればよい。英語を聞いたときに行うタスクや読んだときに行うタスク，また，書くときや話すときに行うタスクをテストで再現することである。確かに，場合によっては，目に見える形でのタスクを特に行わないような場面もあるだろう。例えば，新聞を黙って読んでいるような場合や，テレビを見ているようなときは，外からは何もしていないように見える。しかしながら，本当に何もしていないわけではない。認知的な活動は頭の中で活発に行われているのである。このような場合には，言語使用者が頭の中で行っているような認知的な活動を目に見えるタスクとして再現することもあるだろう。例えば，2つのものを対比しているような文章を読むときには，それぞれの観点ごとにどのようになっているかを読み取って表を完成させるようなタスクが考えられる。

　3つ目は，テキストのオーセンティシティーである。従来のテストの中には，このテキストは受験者がどのような場面で出くわすのだろうかと首をかしげたくなるようなものがあった。確かに「教室」や「教科書」という世界では，英語学習という目的のためだけに存在するようなテキストも少なくなく，「テスト」がそれらを反映していたとしても不思議ではない。これに対して，コミュニカティブ・テスティングでは，受験者が現実の生活の中で遭遇するであろう，本物のテキストを用いようとする。それゆえ，そのテキスト・タイプも多様である。リーディングであれば，いわゆる物語や日記といったものだけでなく，時刻表から広告・ポスターまでも含むことになる。ただし，「本物」のテキストが何らかの理由で使えないということも少なくない。その場合は，「本物」を下敷きに書き換え（adaptation）を行ったり，「本物」に似せてテキストを作成したりすることになる。

　各教科書で習っている語彙が少ない上に，受験者が使っている教科書が複数の種類にもわたるような場合で，未習語は出さないと判断していると，本当に限られた単語しか使えなくなり，テキストのオーセンティシティーは大きく下がってしまうことになる。現実の生活では，外国語の使用において，未知語がないという状況はあまり想定できないであろう。つまり，未知語があるのが外国語使用の実態である。このため，コミュニカティブ・テスティングでは，ある程度の比率の未知語（とりわけ，タスクの遂行に直接関係のない語）は容認される傾向にある。

第3章
コミュニカティブ・テスティングの実際

A　リスニングのテスト

[1] リスニングのテストの作成のつぼ

ⓐ 場面の明示

　　英語のリスニング・テストの一般的なイメージは，「これから流れてくる英語を聞いて，下の質問に答えなさい」というようなものではないだろうか。しかしながら，現実の生活でのリスニングを考えてみると，このような「自分がどこで聞いているかも，誰が何のためにしゃべっているのかもわからないような英語を聞き取る」という，いわば「真空状態での聞き取り」はあり得ない。ましてや，まったく自分と関連付けられていない誰かの言葉を一生懸命聞き取るというようなことは，普通ではないだろう。下手をするとこれは「盗み聞き」となってしまう。

　　コミュニカティブ・テスティングにおけるリスニング・テストでは，こうした問題を克服するために，場面が提示され，誰が誰に対してしゃべっていて，何のためにそれを受験者が聞くのかが示されている。例えば，代表的なコミュニカティブ・テスティングであるケンブリッジ英検では，リスニング・テストのほとんどの問題で，場面が示されている。

ⓑ オーセンティックなタスク

　　英語のリスニング・テストでは，「内容に合った選択肢を選びなさい」という指示がなされることがあるが，このような「タスク」は，テストの場面以外ではあり得ない。現実のリスニングでは英語を聞いて何らかの言語以外の行動を遂行することが少なくない。コミュニカティブ・テスティングでは，このようなタスクをテストの中で再現することを目指している。また，現実の生活の中で言語以外の行動を伴わないような聞き取りの場合もあるが，このようなものについてはその英語を聞いて，聞き手が頭の中で行っているような認知的プロセスをテストで再現しようとしている。ただし，都中英研の英語コミュニケーションテストのようなテストでは，受験者数の関係から多肢選択式問題となっているために，最終的な解答の段階では，選択肢を選ぶことになる。

ⓒ オーセンティックなスクリプト

　リスニング・テストにおいては，スクリプトはほとんどの場合，作成者によって「書かれて」いる。しかしながら，自然な会話を書くというのは，想像以上に難しいものである。場合によっては，どういう人物同士であればこのようなやりとりになるのだろうかと理解に苦しむような会話も少なくない。幸い，コミュニカティブなリスニング・テストにおいては，「どのような場面で，誰が誰に対して，何のために話しているのか」が明確になっているために，あまり不自然なやり取りというのは生じづらい。

　また，現実生活のリスニングでは，communication breakdown が起こらないように，最善の方策を講じるのであるが，テストでは逆に会話の展開は「意地悪に，意地悪に」となってしまっていることが多い。例えば，現実生活では，重要な情報は何度も確認したりするのであるが，テストでは，そのような十分な確認作業がなかったりする。また，問題となる情報の配置も気をつけないと，一度に処理するには困難なくらい詰まりすぎていたりすることがある。これは，とりわけひとつのスクリプトにいくつかのタスクをぶら下げる場合には，気をつけなければならない視点である。

　さらに，自然な相づちや呼びかけなどを適宜入れることは重要である。会話が書かれているために，自然な発話に聞こえない場合がある。この原因としては，自然な相づちや呼びかけ，間投詞，感嘆詞，言いよどみ，繰り返しなどがないことが考えられる。例えば，well, let me see (let's see), I mean, you know, huh, ah, eh?, oh my god などの語句をある程度意識的に利用すると会話は見違えるほど生き生きとしてくるだろう。

[2] リスニングのテストの実例

1 【L：聞く力】（理解の能力―概要理解）

　映画同好会のメンバー6人で映画特集のラジオ番組を聞いています。これから流れる1〜5の映画の説明は，下のA〜Fの6人のどの人におすすめの映画か，記号で答えなさい。英文は一度しか読まれません。

A　ぞくぞくする，こわい映画が見たいな

B　動物が主人公の映画が好きだなぁ〜

C　音楽も楽しめる映画があるかな

D　ワクワクする冒険映画があるといいな

E　ロマンティックな恋愛映画がいいな

F　笑える楽しい映画が見たいよ

▶Script◀

(1) This movie is about three animals in Central Park Zoo. Oliver is a monkey, George is a zebra and Jack is a giraffe. They are so funny and cute. Children go and see them in the zoo. Children like their lovely dance.
(2) A man, Billy, starts to live in a new house. The house is mysterious. On a rainy night, he sees a little girl with long hair in the room. She has no face. The next day he sees flying chairs and tables. What will happen next? Check it out!
(3) The movie, *Four Kids* is about four boys. One day one of the boys, Chris, finds a very old map in his grandfather's room. There is a golden island on it. He thinks he's found a chance to be rich. He goes to the island with his friends.
(4) The prince, Richard, is a son of the king in Dreamland. The nature in his country is very beautiful. Many animals live there happily. Richard sings songs with birds in the forest. He dances with his friends. You can enjoy the music on it. The songs by Richard are really great.
(5) This is a beautiful movie. A young girl lives in a small village. One day a young boy comes to her village from the city. The boy and the girl become friends. She feels wonderful when he says, "I love you."

▶解答◀

(1) B　　(2) A　　(3) D　　(4) C　　(5) E　　〔2年　平成17年〕

▶解説◀

　この問題では,「映画同好会のメンバーが映画特集のラジオ番組を聞く」という場面が示されている。また, タスクとしては,「おすすめの映画を決定する」という現実的なタスクが課されている。

　この問題は, 概要を聞き取る問題である。また, 英文は一度しか放送されないので, 5つの文章から必要な情報を瞬時に聞き取る必要がある。さらに, 聞き手は映画同好会のメンバーの言葉（＝情報）から判断して, これから放送される英文の内容を予測してから聞く, というリスニングには欠かせない「予測する」というスキルも求められる。

　聞き手は内容を聞き取るために, 理解できる単語や文を手がかりに意味を理解していく。しかし, 例えばAの場合,「ぞくぞくする, こわい」に直接相当する単語ではなく, mysterious, no face, flying chairs といった単語およびその状況を表す文から内容を理解しなければならない。また, 動物が主人公の映画の場合も,(1)と(4)で動物について述べられているので, animals といった動物に関する単語に気を取られていると正確に理解できない。このように, 理解できる単語や文を手がかりにした上で, 概要を理解する力を見ている。

2 【L：聞く力】（理解の能力―概要理解）

　ケイト・ジョンソンさん一家はカナダから来て日本に住んでいます。ケイトはインターナショナルスクールに通う中学2年生です。ケイトが帰宅し，留守番電話を聞くと，自分あてにメッセージが5件入っていました。それぞれのメッセージを聞いたあとのケイトの気持ちとして適するものを，A～Fの中から1つ選んで記号で答えなさい。英文は2回読まれます。

A　大変！どうしたのかな…。すぐに行かなきゃ！

B　私たちのことを心配してくれているんだわ。近況知らせなくっちゃ。

C　あーあ，おこられるかなぁ。明日の朝，先生に提出しなくちゃ。

D　見つかってよかった。中身は無事かな。

E　楽しみ！　さっそく友だちに電話しよう。

F　連絡網でまわさなくっちゃ。

▶Script◀ ④ ⑤

（ピー）Hello. This is Kate Johnson. I can't answer the phone right now. Please leave a message.

(1) （ピー）えーと, This is Officer Tanaka, Tanaka calling from Shibuya Police Station for Ms. Kate Johnson. Someone found your bag at the park and brought it to our office. Please come to Shibuya Police Station and pick up your bag. Thank you.

(2) （ピー）Hello, Kate. This is your grandmother. How are you and your parents doing in Japan? How's the weather there? Is everyone all right? I know, I know you are busy, but write me a letter sometime. I want to know if all of you are doing OK there in Japan. Call me soon. OK?

(3) （ピー）Hello, Kate. Ummm…this is your homeroom teacher, Ms. Brown…. Yes. Your homework! You were supposed to hand in your homework TODAY. Remember? Come to the teacher's room tomorrow morning before the first class starts. OK? Don't forget.

(4) （ピー）Hi, Kate! This is Jane! How's it going? Well, listen. Are you free tomorrow? I have two tickets for the baseball game tomorrow night. Can you believe it? They are for the Giants Game. Can you call me back?

(5) （ピー）Kate. This is your father. Listen. Your mother's sick. She is in the hospital now. Come to the hospital as soon as you can. It's the big hospital near your school, you know. Take a taxi. OK? I'll see you at the hospital.

▶解答◀

(1) D　(2) B　(3) C　(4) E　(5) A　　[2年　平成13年]

▶解説◀

この問題では,「留守番電話」を聞き取るという状況と, その留守番電話を聞き取る「ケイト」という人物に関する情報が提示されている。留守番電話の性格上, 内容は電話をかけてきた人の伝えたい要点が短い文の中で簡潔に述べられている。「留守番電話」の用件を聞いたとき, 現実の生活では,「警察に行く」や「電話をかけ直す」などという具体的な行動で反応する。しかし, 客観式のペーパーテストでは, 具体的な行動を見ることはできないので, それらの「メッセージを聞いたあとのケイトの気持ちを選ぶ」というタスクになっている。このような概要理解問題では, 単に文字通りの意味を理解するだけではなく, 留守番電話をかけてきた人の意図を理解しなければ問いには答えられない。

スクリプトは, 口ごもり（「えーと」やUmmm…など）, 繰り返し（This is Officer Tanaka, Tanaka calling from Shibuya Police Station…など）, 念を押す（OK? など）などの話し言葉の特徴を取り入れ, より現実に近いスクリプトになっている。

3 【L：聞く力】（理解の能力―詳細理解）

　ニューヨーク発，成田行きの飛行機の機内で，機長から機内放送が英語でありました。あなたは客室乗務員になったつもりで，このあとその内容を日本語で乗客にアナウンスするために，次の乗務員用のメモを完成しなさい。英文は2回読まれます。

【乗務員用メモ】

FLIGHT SCHEDULE FOR FLIGHT ATTENDANT		
FLIGHT No. 183		
項目	予定	変更
出発地	ニューヨーク	――――
出発予定時刻	5:00 a.m.（日本時間）	なし
到着地	成田	(1)
到着予定時刻	2:00 p.m.（日本時間）	(2)

【アナウンス用インフォメーション】
到着地の変更理由　　　　　　　　(3) [　　　　　　　　　　　　　　]
変更後の到着予定地の天候　　　　(4) [　　　　]
変更後の到着予定地までの所用時間 (5) [　　] 時間 [　　] 分

▶Script◀ 　⑥　⑦

　　Good afternoon, ladies and gentlemen. This is your captain, Terry Tennant, speaking. I have an announcement to make. We are not flying to Narita, because it is snowing heavily in the Tokyo area. The airport is closed, so this plane cannot land there. We are very sorry, but we'll go to Osaka instead. We will arrive there at 4 p.m., Japanese Standard Time, and the weather is sunny in the Osaka area. We hope you understand the problem. Our flight time will be three hours and fifteen minutes. Thank you.

▶解答◀
(1) 大阪　　(2) 4:00 p.m.　　(3) 大雪で空港が閉鎖されたため　　(4) 晴れ　　(5) 3時間15分
[2年　平成12年]

▶解説◀
　　この問題では,「国際線の飛行機の機内」という場面が示され,受験者は「客室乗務員」になったつもりで聞くことになっている。
　　この問題は要点を正確に聞き取ることをねらいとしている。機内放送の設定であるので,内容は次のような形式になっている。
　　1　アナウンスの始めの言葉
　　2　自己紹介　（アナウンスする自分の立場を明らかにする）
　　3　内容　（要点のみを的確に説明する）
　　4　アナウンスの終了を示す言葉
　　聞き手はまず,機内放送という指示文から,このような形式をある程度予測することができる。そこで,内容に注意を払って,意識を集中して聞くことになる。コミュニケーションとして聞く力を育てるには,これから聞く英文の形式をある程度理解して聞くという聞き方に慣れておくことも大切である。
　　こうした場合は重要な情報をもれなく正確に聞き取ることが求められる。実際に空港,バス発着場,駅といった場所や乗り物の中でアナウンスを聞く場面は多く,場所や時刻などの情報を正確に聞き取ることはきわめて重要になる。生徒が将来英語を使用する場面を想定して,さまざまな場面を設定することが考えられる。
　　最後に,この問題のタスク・オーセンティシティーについてであるが,このような情報が機長からまず英語で放送されて,それを客室乗務員が聞き取って,乗客に日本語でアナウンスするということはないようである。ただし,聞く内容を誰かに伝えるためにメモを取るというようなタスクは生徒にとっては,きわめて現実的なタスクに思われるであろう。このようなタスクを課すことにより,タスクを遂行することの意味が出てくるのである。

4 【L：聞く力】（理解の能力―詳細理解）

あなたは夏休みを使って，アメリカのオレゴン州にあるポートランドのサマースクールに参加しました。初日，ベーカー先生から説明がありました。あなたは先生の話を聞きながら，メモをとりました。メモ欄に適する内容を記号で答えなさい。英文は2回読まれます。

メモ

■サマースクールは，8月2日～8月 (1) 日まで

(1) ① 4　② 9　③ 16　④ 23

■1日の流れ
　○1時間目：校内めぐり
　○2時間目：＿＿(2)＿＿

(2) ① アメリカの生徒との交流会　② アメリカの歴史　③ 英語の授業　④ オリエンテーション

　○3時間目：＿＿(3)＿＿

(3) ① アメリカの生徒との交流会　② アメリカの歴史　③ 英語の授業　④ オリエンテーション

　○昼食場所：第1ビルの1階ランチルーム
　○午後：【マウントフッドのバスツアー】
　　・集合場所：メインゲート前のバス停
　　・集合時間：＿＿(4)＿＿

(4) ① 12:15　② 12:30　③ 2:00　④ 2:30

　　・持ち物：＿＿(5)＿＿

(5) ① 教科書　② 上着　③ ノート　④ クーラーボックス

▶Script◀

Welcome to Portland Harbor summer school. I'm your homeroom teacher, Mr. Baker. This summer school is only for two weeks, but I hope you'll enjoy the lessons. Let me tell you about today's schedule. First period will begin after this orientation. I'll show you around the college. Second period will be an English lesson. There will be a listening test. And third period, you'll meet the American students. You'll play some games, sing songs and dance with them. It'll be a lot of fun. Lunch will be after third period from twelve fifteen to one thirty. The lunchroom is on the first floor of Building 1. In the afternoon there is a school trip to Mt. Hood. Please come to the bus stop in front of the main gate at two thirty. At two thirty. Don't be late. You'll be able to see some beautiful scenery at the top. You don't need to bring any textbooks or notebooks. But please bring your jacket. It's much cooler in the mountains. OK? Do you have any questions?

▶解答◀

(1)③　(2)③　(3)①　(4)④　(5)②　　［3年 平成14年］

▶解説◀

　この問題では,「アメリカのサマースクール」という場面が示され,受験者はそこでアメリカ人の先生から学校のスケジュールの説明を聞くことになっている。人は話を聞くとき,たとえ母語であっても,その状況がわからないと内容が理解しにくい。リスニング問題の作成にあたっては,指示文で場面設定を明確に聞き手に伝えておく必要がある。

　受験者は,スケジュールについての説明だとわかったら,どのような情報がどのような順番で流れてくるかを予測した上で,必要な情報を正確に聞き取る必要がある。現実には,スケジュールについての説明を聞くような場面では,タスクとしてはメモを取ることになるだろうが,多肢選択式というテストの制約があるために,受験者の最終的な作業としては選択肢を選ぶことになる。選択肢があらかじめ与えられているので,直接メモを取るより容易であるが,(1),(4)のように聞き誤りやすい数字を正確に聞き取ること,また(2),(3)のように与えられた情報の中から中心となる情報は何かを聞き取る必要がある。

5 【L：聞く力】（理解の能力—詳細理解）

あなたはニューヨークに住んでいるペンフレンドについて，学校で発表することになりました。この友だちから送られてきたテープを聞きながら，発表のためのメモを作っています。適する内容を記号で答えなさい。英文は2回読まれます。

メモ

(1) 名前は？

James ① Yampolsky
② Yamploski
③ Yampulosky
④ Yomplski

(2) 学校では何と呼ばれているか？
① ジェイムズ
② ジム
③ ジョン
④ ジミー

(3) 好きなことは？
① Playing baseball
② Playing basketball
③ Watching basketball
④ Watching and playing soccer

(4) がんばっていることは？
① Playing the drums
② Playing the guitar
③ Cooking
④ Dancing at the school festival

(5) 冬の予定は？
① To stay home
② To go to Poland
③ To go skiing
④ To enjoy cooking and talking

▶Script◀ ⑩ ⑪

　　Hello. My name is James Yampolsky. The spelling is Y, a, m, p, o, l, s, k, y. Y, a, m, p, o, l, s, k, y. My family came from Poland many years ago.
　　Well, my family usually calls me Jim. But my classmates say to me, "Hey, John!" or "Hi, John!" They call me John because I like John Lennon very much. Do you know him?
　　What do you like doing best? I'm crazy about soccer. I love both playing and watching it. Soccer is an exciting sport, isn't it? I saw you with your teammates in a photo. You like playing baseball very much, don't you?
　　By the way, I'm learning the guitar. I'll play the guitar on stage at the school festival. It's going to be challenging. Ah…playing the guitar is very difficult but I'm trying hard. Someday I want to practice playing the drums, too. In the winter holidays my family usually stays at home, and enjoys cooking, talking etc. But yesterday my father said, "Let's go skiing this winter." He is the strongest skier in my family. So we are going skiing in Canada.
　　Next time, I'll write to you about my holiday. Bye!

▶解答◀
(1)①　(2)③　(3)④　(4)②　(5)③　　[2年 平成14年]

▶解説◀
　　この問題では，「ニューヨークのペンフレンドから送られたテープの聞き取り」という状況が示されている。これは必要な情報を正確に聞き取ることをねらいとした問題である。英文は，「テープによる手紙」という形なので，直接，相手への質問（Do you know him? など）や呼びかけ（Hello. など）が多く含まれている。また，英文は，繰り返し（The spelling is Y, a, m, p, o, l, s, k, y. Y, a, m, p, o, l, s, k, y.），口ごもり（Ah….），間を取る言葉（Well,….）といった話し言葉の特徴を多く含んでいる。このような繰り返し，口ごもりなどは，言葉のニュアンスを聞き手に伝え，伝えたい内容を理解しやすくする働きがある。実際に生徒が聞く英語はこのような特徴を持っているので，書き言葉をそのままリスニングのスクリプトとして使用するのではなく，話し言葉の特徴を備えた英語を生徒に与えたい。タスクは，後日学校で発表するためのメモを作成することとなっており，現実的なタスクとなっている。

B リーディングのテスト

[1] リーディングのテストの作成のつぼ

ⓐ 読む目的の明示

　英語のリーディング・テストの一般的なイメージは，「次の英文を読んで，下の質問に答えなさい」というようなものではないか。しかしながら，現実の生活でのリーディングを考えてみると，このように「何の目的もなく何かを読む」ということはあり得ない。確かに，楽しみのために読む（reading for pleasure）というような場合もあるだろうが，このような場合でさえ，ある種の「目的」を有しているといえる。現実には，目的もなく何かの文章を読んで，あとでその内容について誰かから尋ねられるということは，ほとんどないのである。目的なく読ませているために，どのような理解が必要かというのも問題作成者によって恣意的に決められてしまう。目的がはっきりしていれば，その文章はどのように読むのかが決まり，それによって問題もどのようなことを問えばよいかも自然に決まってくるだろう。

　リーディング・テスト作成の一般的な傾向として，文章を読ませて，その内容について「漠然と」尋ねていると思われるが，もう少しそれぞれのテスト項目（小問）がどのような理解を問うているのかを意識した方がいいだろう。少なくとも，それが詳細の理解を問うているのか，概要・要点の理解を問うているのか，といったところは意識したほうがよいということだ。また，概要・要点の理解を見るといっても，テキストのどのような部分をどう読むと正解に至るのかというあたりも考えながら作るとよいだろう。

　また，リーディング・テストでは，1つの文章に複数のテスト項目（小問）がぶら下がっている形が多いが，1問ごとのテスティング・ポイントを明確にして診断機能を高めることもできる。このタイプのテストを short context technique と呼ぶことがある。これは，短い文章（といっても，とりわけ中学のリーディング・テストにおいては，そもそもあまり長い文章が用いられることはないのだが）に，テスティング・ポイントが明確な1つの問題しか付けないというものである。韓国の修学能力試験（日本のセンター試験に当たるもの）などもこの形に近いので，馴染みのある方も少なくないだろう。ここ数年，都中英研のリーディングのテスト作りでは，この方式を採用してきている。また，これにより問題間の相互依存を避けられる。

ⓑ オーセンティックなタスク

　英語のリーディング・テストでも，「内容に合った選択肢を選びなさい」というような指示がなされることがあるが，このような「タスク」は，テストの場面以外ではあり得ない。コミュニカティブ・テスティングにおいては，現実の生活で英語を読んで何らかの言語以外の行動を遂行するような文章については，その行動をなるべく反映したタスクを設定することになる。例えば，英字新聞を読むといっても，天気予報を読むようなときには，自分の地域の予報を読み取って，その日の服装を決めるというタスクをするだろうし，テレビ欄を読むようなときには，自分の興味のありそうな番組を探すというようなタスクをするだろう。また，スポーツ欄であれば，自分の応

援するチームの結果を知るというだけかもしれない。確かに，現実の生活の中で言語外の行動を伴わないようなリーディングもあるが，このようなものについてはその英語を読んで読み手が頭の中で行っているような認知的プロセスをテストで再現することになる。例えば，物語のような文章では，時系列にしたがって，重要な出来事を追っていくというような具合である。ただし，都中英研の英語コミュニケーションテストでは，受験者数の関係から多肢選択式問題となっているために，問題自体はオーセンティックなタスクであっても，最終的な解答の段階では，選択肢を選ぶという「タスク」となっている。定期試験などに利用するときなどは，無理に多肢選択式としなくても，メモなど多少の英語を書かせることで，よりオーセンティックな問題とすることもできるであろう。

ⓒ **オーセンティックなテキスト**

　リーディング・テストでは，受験者に読ませる素材としての英文が必要になる。日本の中学校や高等学校の英語のリーディング・テストを見ていると，物語や会話文を用いていることが多いが，これらは本当に学習者が読むものであろうか。教科書がそうなっているからという事情を除けば，英語学習者が読むはずのものは，もっと多様なものであろう。また，「会話」という本来読むものではないはずのテキスト・タイプをリーディング・テストに用いることで，そのタスク自体もオーセンティックでなくなる傾向がある。テキストの決定にあたっては，そのテストの受験者が実際にどのようなものを読んでいるか，あるいは，読む必要があるかといったことを考慮するとよい。

　リーディング・テストにおいては，テキストはどこかから探してくる場合もあるし，問題作成者が書き下ろす場合もあるだろう。前者の場合であるが，実際にはそのままテストとして使えるような可能性はあまり高くない。まず著作権の問題があるが，仮に著作権の問題をクリアしたとしても，日本の中学校・高等学校の英語のテストを考えると，ある程度の書き直し(adaptation)はどうしても必要となるだろう。その際にも，なるべく本物らしさを失わないように配慮すべきである。文章のトピックやスタイルもさることながら，レイアウトや書体などといったものもなるべく実物に近付けたい。後者の書き下ろしの場合，それぞれのテキスト・タイプの特徴と現実のテキストを参考にしながら作るとよいだろう。この意味では，普段から様々なテキストの特徴に注意を払っておく必要がある。

[2] リーディングのテストの実例

1 【R：読む力】（理解の能力—詳細理解）

　秋子はロンドンのおじさんの家に滞在しています。昨日，街を歩いていたらバレエ（ballet）学校のポスターが目にとまり，興味を引かれました。今，そこに書かれていた内容を思い出そうとしています。秋子のメモの①〜⑤に適当な日本語を入れなさい。

【バレエ学校のポスター】

JOIN NOW

ADOMA BALLET SCHOOL

How many students are in the school?
There are about 120 boys and girls.

How old are the students?
From eleven to sixteen.

What subjects do students study?
They study English, math, science, French, music, history, art, and the history of ballet.

What is the time schedule?
Students get up at 7:00 and have breakfast at 7:30. School starts at 8:30. Students have two lessons and a ballet class. They have lunch at 1:00 and lessons from 2:00 to 4:20.

What do students study in the ballet classes?
The 5 different basic positions for arms and feet. These are 300 years old.

When will students study ballet?
Every day. First and second year classes are 60 minutes every day. Third year classes are 75 minutes. Fourth and fifth year classes are an hour and a half.

Ballet is hard work, but you'll love it!

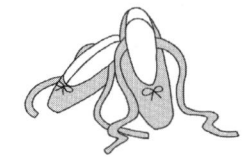

Do students have free time after school?
Of course! Students can play games or walk in the park before dinner. Dinner is at 6:00 and 'prep' is after dinner. They have half an hour free time before they go to bed at 8:00.

CALL US SOON.　TEL 0123-45678

ヒント：history 歴史，subject 教科，prep 予習復習，schedule 予定，basic positions 基本姿勢

【秋子のメモ】

生徒数は 120 人で，生徒の年齢は 11 歳から ① まで
起床時刻は ② で，8:30 に ③
バレエの歴史以外に習う教科の数は ④
バレエの授業は毎日あり，1, 2 年生は 60 分間で 3 年生は ⑤

▶解答◀
① 16 ② 7 時 ③ 始業 ④ 7 つ ⑤ 75 分 ［2 年　平成 10 年］

▶解説◀
　まず，このテストでは，テキストのオーセンティシティーが目につくだろう。街で見かけるポスターである。コミュニカティブ・テスティングでは，リーディングの文章はそのレイアウトも，なるべく現実のものと同様になっていなければならない。そうすることで，本物のテキストを読んでいるという感覚を受験者が持つことができるのである。

　また，テキストがこのように現実的なものであることから，そのテキストをどう読むかもおのずと決まってくるだろう。ここでは，ポスターの内容に興味を持つ読み手が，現実の生活で行うであろうタスク，つまり，メモの作成がテストのタスクとなっている。メモの詳細を見ればわかるように，ここでは年齢・時刻・数字などの具体的な情報を読み取ることになっており，テストのタイプとしては，「詳細理解問題」と位置付けることができる。

2 【R：読む力】（理解の能力—概要理解）

旅行会社に寄せられた旅行者からの感想です。ホームページにのせるために，タイトルを付けたいと思います。①〜④の中から1つ選び，番号で答えなさい。

> My husband and I went on holiday to Dubai in January. Dubai is a hot city, but it was lovely weather in January. Everybody enjoyed the sun at the beaches. People were kind. Our hotel was wonderful. The food was also nice and fresh. I want to go there again.

＊Dubai ドゥバイ

① Holiday in Dubai　② Food in Dubai
③ A hotel in Dubai　④ People in Dubai

3 【R：読む力】（理解の能力—概要理解）

良太が学校から帰ると，ホームステイ先のお母さんが書いた次のような手紙が置いてありました。良太に何をしてほしいのか，①〜④の中から1つ選び，番号で答えなさい。

> To Ryota,
> I'm going to visit my brother, Tom, in hospital. I made two banana cakes. They are for you and for Ms. Green. Please take one to her today.
> I'll call you. Bye.

① 届け物をしてほしい
② 電話をしてほしい
③ 病院に来てほしい
④ 料理を作ってほしい

4 【R：読む力】（理解の能力―文章構成）

　ケニーからあなたにメールが届きましたが，I want to play with it. という一文が，間違ってとんでもないところに移動してしまいました。この文はどこに入れたらよいでしょうか。①～④の中から1つ選び，番号で答えなさい。

```
Hi, Kosuke. How are you?
    ①
Thank you for your picture of Australia.
    ②
I enjoyed seeing it.
    ③
You look very happy with the koala.
    ④
Did you see kangaroos too?
....
```

5 【R：読む力】（理解の能力―文章構成）

　あなたに海外に住む友人から絵はがきが届きましたが，一部読み取れません。相手が書いたと思われる文を①～④の中から1つ選び，番号で答えなさい。

① We enjoyed fishing there.
② He likes swimming.
③ He was a teacher.
④ We went shopping.

```
On July 25th, my family visited Canada.
My grandfather lives there.
He took me to the river early in the
morning.
●●●●●●●●●●●●●●●●●●
We caught a lot and cooked some.
I had a very good time there.
```

6 【R：読む力】（理解の能力—推測）

洋子さんはある単語を英語で何というかがわかりません。そこで ALT の White（ホワイト）先生にメールで尋ねることにしました。何について尋ねているのか①〜④の中から1つ選び，番号で答えなさい。

> Hi, Mr. White.
> I have a question. How do you say this in English? Please tell me.
> We see it in summer. We see it in the sky.
> First we see the lights and then we hear the sounds. The sounds are big and the colors are beautiful. It is like a big flower in the night sky.

①流れ星　　②ほたる　　③花火　　④かみなり

▶解答◀
2 ①   ［2年　平成17年］
3 ①   ［2年　平成16年］
4 ④   ［2年　平成17年］
5 ①   ［2年　平成16年］
6 ③   ［2年　平成17年］

▶解説◀
　多くの場合，リーディング・テストでは，ひとつの文章があるとそれに関連していくつかの問題が「ぶら下がった」状態であるが，ここでの問題では，ひとつの文章に対して，ひとつの問題だけが用意されている。このような出題方法を short-context technique と呼ぶことがある。こうした問題では，その問題がどのようなリーディング力を測ろうとしているのかが明確になる。

　第2問と第3問は，概要の理解を問う問題となっている。第2問は，ホームページに載せる旅行者からの感想であるが，この文章にタイトルをつけるためには，概要をつかまなければならない。ホームページにタイトルをつけるというのも，オーセンティックなタスクということができるだろう。また，第3問は，ホームステイ先のホスト・マザーからの置手紙である。何を依頼されているのかを読み取ることは，概要の理解と考えられる。

　第4問と第5問は，文章構成力を見る問題である。文章構成力を見る問題では，単に文章の中にある文を挿入させる問題もあるが，ここでは，その文挿入というタスクに現実味を持たせようとしている。第4問では，パソコンの操作の途中で起こる可能性のあるタスクだろう。また，第5問では，水性ペンなどで書かれたはがきが雨などにぬれて文字が読めなくなるというような場面を想定している。文章構成力を見る文挿入問題では，代名詞などの言語的な情報を手がかりとしてその位置を決定する場合と，意味的な判断に基づきその位置を決定する場合とがある。第6問は，リーディングに必要な推測の能力を見ている。リーディングにおける推測といった場合，未知語の推測や書き手の意図の推測などがあるが，ここでは書き手の頭にある単語が何かを推測することになる。現実の生活であれば，このメールの読み手は，それを英語で何というかを尋ねられているのであるから，英語の単語を思い浮かべるだろう。これに類する問題としては，英語の単語の辞書の定義の部分だけを読んで，その単語が何かを推測したり，スリー・ヒント・クイズのように複数の情報からそれが指しているものを当てたりする問題などがある。

7 【R：読む力】（理解の能力―概要理解）

留学生5人が，ある情報誌を読んでいます。それぞれの希望をかなえるためには，①〜⑥のどれを読んだらよいか選び，番号で答えなさい。

(1) I've just come to Japan.
So I need things for my house,
but I don't have much money.

(2) I must study and practice Japanese.
I'd like to go to a good Japanese language school.

(3) I've made a lot of friends at parties in the U.K.
I'd like to make friends in Japan, too.
So, I'd like to go to some parties.

(4) What should I do when I'm sick?
Who will help me if I'm in trouble?

(5) I love traditional Japanese music.
I'd like to know about kabuki music.

① HELP
ITEMS WANTED

Beer tickets, highway tickets and cards wanted. Even if you don't have many, it's ok. Call 667-8429

Looking for large TV, PS2 and good DVDs. I can pick up but only pay a little. Call 657-2024

Japanese teaching videos wanted. Any truly educational language videos. Sp/Fr/Ital also ok. Please call 045-37-4347

Laptop PC English model needed! For free or cheap. Any offer welcome. Please Email mot_go@oha.com

② SUPPORT

MAD Medical information Center introduces doctors and gives information on hospitals in Japan in 6 languages. Mon-Fri 9am-5pm. Call 88-5825

Worried? Get free support and information from foreign people in Japan online. See http://www.ba.glo.com

Want to volunteer? Tokyo Volunteer Society lists over 90 groups. Use your skills and learn new ones. See www.tvs.glo.com

Troubled? Need to talk? Tokyo Life Line's phone counselors give free telephone counseling in English, 365 days a year, 9am-4pm. Call 2990-47754

③ FOR FREE

Kotatsu. I'm leaving Japan. Pick up. Minato-ku. Call 3055-655

I must go back to US. Sofa and coffee table. Both in good condition. Pick up Fuchu station. Call 090-442-9916

Desktop computer, inkjet color printer, excellent condition. Don't want to throw them in the trash, anybody want them? Call, leave message, 312-3435

TV/VCR, 10 years old, good condition. Brand-new air conditioner. Mountain bike, painted red. Pick up Hino. Email evig@glo.com

④ GOING OUT
LET'S PARTY

INTERNATIONAL PARTY, Oct 26 Sat, 6pm. Ginza. Restaurant "Gut!" This is a good chance to make new friends! Enjoy lots of delicious food, drinks, music. Everyone welcome. ¥3000 for everything. Web www.fd.co.jp/pnet/093.htm Call 090-7847-573

TOKYO COMEDY THEATER! Team contest! You judge! Also Mark Sato, Kevin Ford, Magician Nick Butler & more. Cafe Hugo, 7pm ¥2000+1drink. Map www.tokyocomedy.com or 7410-350

TOKYO FRIENDS PARTY '02, Nov. 2 Sat. 6pm, "Club Z" 4min from Kanda. The biggest party in Tokyo! Over 350 people join. Make new friends, find language partners. Free food/drinks. Gentlemen ¥3000, ladies ¥2500, students ¥2000. Call 090-415-5039

⑤ MUSICIAN

Attention musicians and performers. If you want a place to perform in Ebisu, call now. We hold open stage rights at Deep every Tue. A good chance to play in front of people, meet other musicians and have fun. Email deep@glo.com

Bassist and keyboardist wanted. M/F ok. Email boom@club.com

Learn about kabuki music. Free workshops on traditional Japanese music every 2nd/4th Sun, 3-5pm. Call Kazu, 906-2143

Singer/guitarist wanted M/F ok, pop rock with catchy melodies. Email shout94@ohaa.com

⑥ LEARNING

Japanese Lesson, free. We are international friendship volunteers to make Japan a good place for students from abroad. 6-8pm, fourth Thu, every month. Email nci@tyfin.ne.jp

AOYAMA NIHONGO ACADEMY is beginning soon. Beginners to advanced level welcome. Very experienced teacher. Three times a week.
(1) 9:30am 〜
(2) 11:30am 〜
(3) 1:30pm 〜
(4) 4:30pm 〜
Please contact the school between 10am-5pm. Mon-Fri. Call for more info 03-424-4043

Friendly, professional Japanese teachers for Beginners. Our school has good teachers! Many courses for beginners. Enjoy our lessons after work! Time: 6pm〜 weekday. Email Aya@jpt.ne.jp

▶解答◀

7 (1)③　(2)⑥　(3)④　(4)②　(5)⑤　　［3年　平成14年］

▶解説◀

　現実のリーディングの場面では，それぞれの読み手が自分に必要な情報を求めて読むということがある。そのために，コミュニカティブ・テスティングでは，この問題のように，それぞれの読み手に必要な情報を探させる問題が少なくない。

　また，ここで用いられているテキストも英文の情報誌や英字新聞でよく見かけるものである。一見すると，その英文の量や未知語の数に圧倒されたりするかもしれないが，このようなタスクでは，すべての文章を読む必要はないということを指導しておくとよいだろう。

8 【R：読む力】（理解の能力―詳細理解）

次の広告を読んで，それぞれの問いに対する答えを①〜④の中から1つ選び，番号で答えなさい。

MINATO DEPARTMENT STORE

Happy Summer Special Sale

July 29 - August 4
We are having a sale on ALL floors

☆Children's "fun events" free on the 7th floor
☆World Food Festival on the 8th floor

---

(1) 子ども対象の無料の催し物はどの階で行われますか。
　　①すべての階　　②4階　　③7階　　④8階
(2) セールが行われているのはどの階ですか。
　　①すべての階　　②4階のみ　　③7階のみ　　④8階のみ

9 【R：読む力】（理解の能力―詳細理解）

次の招待状を読んで，それぞれの問いに対する答えを①〜④の中から1つ選び，番号で答えなさい。

Dear Mrs. Yoshida,
　I am asking some of my friends to come over on Saturday afternoon, May 7th, to see the roses in my garden. Join us any time between two and five. My daughter and I are making some cakes. Please call me by next Friday.

　　　　　　　　　　　　　　　　　　　　　　Your friend,
　　　　　　　　　　　　　　　　　　　　　　Alice Woods

---

(1) その日，吉田さんがAlice（アリス）さんを訪問できる時間はどれが良いですか。
　　①午前7時　　②午前10時　　③午後3時　　④午後7時
(2) 吉田さんはこの招待状を読んで何をしますか。
　　①ケーキを作る　　　　②友だちを誘う
　　③バラの花束を買う　　④Aliceさんに電話する

10 【R：読む力】（理解の能力―概要理解）

インターネットを使用していたら，下の英文がありました。どのホームページのものでしょうか。①～④の中から１つ選び，番号で答えなさい。

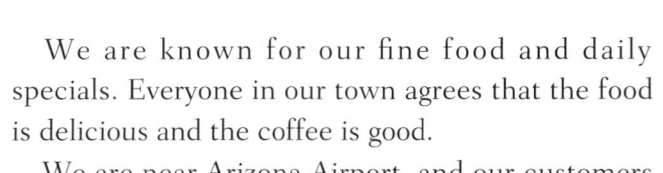

> We are known for our fine food and daily specials. Everyone in our town agrees that the food is delicious and the coffee is good.
>
> We are near Arizona Airport, and our customers are local farmers and bikers. Come and enjoy our food, service and warm atmosphere.

① 空港
② レストラン
③ コーヒー栽培園
④ バイクショップ

11 【R：読む力】（理解の能力―概要理解）

ジムからのメールに，彼のおじいさんのことが書いてありました。おじいさんの現在の様子を一言で伝えると，どうなりますか。①～④の中から１つ選び，番号で答えなさい。

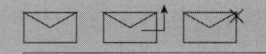

> My grandfather, Bill, has lived alone for twenty years. Every evening he goes to a restaurant near his house to eat dinner. He can meet his friends there, so he doesn't feel lonely. I think it's good. After dinner he enjoys coffee and talking to other people. It is fun for him.

Jim's grandfather is
① angry.
② fine.
③ lonely.
④ sick.

▶解答◀

8 (1)③ (2)①　　　［3年　平成16年］
9 (1)③ (2)④　　　［3年　平成16年］
10 ②　　　　　　　［3年　平成16年］
11 ②　　　　　　　［3年　平成15年］

▶解説◀

　これらの問題も一種の short context technique で，3年生用の問題である。第8問は，広告を読む問題である。広告からどのような情報を読み取るかは，本来読み手によって異なるものであろう。ここでは，中学生が読みそうな「子ども対象の催し」と，誰にとっても重要な「セールの行われている場所」を読み取らせる問題となっている。第9問は，招待状を読む問題である。この招待状を受け取った場合に読み取らなければならない「いつ行くのか」と「この招待状を読んでどうしたらいいのか」について読み取らせる問題となっている。現実の生活では，読み取りの結果は実際の行動に反映されることになるが，「テストの世界」では，このような解答方法となってしまう。第10問は，インターネット上の英文がどのホームページのものかを判断するものである。実際のインターネットでは，あるページに行ってから，興味のある内容を見つけて，読み始めるということが多いであろう。この意味では，この問題はやや改善の余地があるかもしれない。第11問は，届いたメールの概要を読み取るものである。メールにおよそどのようなことが書いてあったのかを伝えるということは現実的なタスクと考えられるだろう。伝える相手が誰かなどを明示するとより現実的なタスクとなる。

C ライティングのテスト

[1] ライティングのテストの作成のつぼ

ⓐ 読み手と書く目的の明示

　英語のライティング・テストでは,「誰に向けて,何のために書いているのか」が明確になっていないものが少なくない。例えば,「あなたの好きなテレビ番組について英語で書きなさい」というような問題である。しかしながら,現実の生活でのライティングを考えてみると,このように「誰に向けて書くのかもわからず,何の目的もなく書く」ということはほとんどないだろう。「テレビ番組」の例でいえば,読み手が日本に住んでいて日本のテレビ番組に詳しい人なのか,海外に住んでいて日本のテレビ番組を見たことのない人なのかによっても書き方はだいぶ違ってくる。また,その文章を書く目的も,「好きなテレビ番組を紹介する」のか,「好きなテレビ番組を一緒に見ようと誘う」のかではまったく書き方が違ってくるだろう。したがって,コミュニカティブ・テスティングのライティングでは,読み手と書く目的の明示が非常に重要となってくる。

ⓑ テキスト・タイプの明示

　一口にライティングといっても,いろいろなタイプのライティングがある。論文もあれば,手紙もあれば,電子メールもある。それゆえ,どのようなタイプのライティングなのかを明示することは重要である。また,同じライティングでも,論文を書かせるのと電子メールを書かせるのとでは,測ろうとするライティングの能力が変わってくるということも意識しておくとよい。論文では,文章の構成力が重要な要素であるが,電子メールでは,通信相手とのやり取りの関係性が重要となる。

　また,テキスト・タイプということではないが,書くべき内容が問題に与えられているのかどうかも大きな違いとなる。例えば,書くべき内容がメモになっていて,それをもとに手紙を書くという場合と,書くべき内容を自分の頭で考えて書くのとでは,必要となる能力が異なってくる。現実の生活では,メモがあってそれをもとに英文を書く場合もあるが,書くべき内容は頭の中にあることも少なくない。[2]で掲載するテストの分類では,書くべき内容が何らかの形で指定されているものを「条件指定」問題と呼び,書くべき内容のトピックだけが指定されており,書く内容は受験者が自分で考えて書くものを「トピック指定」問題と呼んでいる。

ⓒ 目的にあった採点基準

　ライティング・テストでは,採点が大きな問題になる。これは,他の技能のテストが客観的に採点できることが多いのに比べて,ライティングでは,主観的な採点になることが多いからだ。主観的な採点の場合に,単純にすべての誤りを減点の対象としてしまうと,いわゆる書けば書くほど減点される可能性が高くなり,結果的に点数が低くなってしまい,問題である。

　減点法以外のライティングの採点では,全体的採点(holistic scoring)と分析的採点(analytic scoring)があるが,それぞれに特徴がある。全体的採点は,観点ごとに

分析せずに，全体として5段階なら5段階のどの段階にあるのかを判断するものである。この場合，単に印象で5段階の3とか4とするよりも，それぞれの段階の記述がなされている descriptor（記述文）というものを用意しておいたほうが，採点者間のぶれもなくなり，信頼性が高くなる。全体的採点たるゆえんは，それぞれの段階の記述に，構成・内容・文法・語彙などといった観点がすべて盛り込まれていることである。ただし，問題は，この採点方法には，構成や内容がよければ，文法や語彙も良く，逆に構成や内容が悪ければ，文法や語彙も悪いというような前提があるが，実際には学習者は多様で，必ずしもそのようにはなっていないということだ。コミュニカティブ・テスティングにおける採点では，そのタスクの達成度にあった観点がこの中に盛り込まれることになるだろう。

　これに対して，分析的採点では，あらかじめ決められた観点ごとに判断をすることになる。同じ5段階であっても，構成は3，内容は4，文法は2，語彙は3といった判断が可能となる。こちらの方が通常，信頼性も高くなり，診断的な機能も高いのであるが，手間がかかることになる。同様に，コミュニカティブ・テスティングでは，こちらの採点方法でも，観点の中にそのタスクの達成度に対応したものを入れるべきであろう。

　いずれの方法をとるにしても，コミュニカティブ・テスティングでは，それぞれのタスクに見合った観点を含めるべきである。また，それぞれの観点の重み付けも，そのタスクでの重要性を反映していなければならない。例えば，内容の一貫性などの観点は，論文などでは重要であるが，電子メールではさほど重要とはならないだろう。

[2] ライティングのテストの実例

1 【W：書く力】（表現の能力―条件指定）

　あなたがオーストラリアのある町にホームステイ中，ホストファミリーの犬 John（ジョン）が行方不明になってしまいました。あなたは，犬を探すためのポスターを作ることにしました。下にあるメモをもとに，ポスターを完成させなさい。ただし，必ず[　]内の語句を使うこと。

【メモ】

(1) collar（首輪）には名前が書いてある　　　　　　[written]
(2) 以前に front leg（前足）を折ったことがある　　[broken]
(3) dog food より meat（肉）が好き　　　　　　　　[than]
(4) 木の下で眠るのが好き　　　　　　　　　　　　[likes]

LOST
This is Our Dog.

His name is John.
He is brown and white.
He has a red collar.

_____(1)
_____(2)
_____(3)
_____(4)

If you find him, please call: 535-1872 (David Brown)
29/Aug/03

▶出題のねらい◀
　伝えるべき内容を与えられた1語を使って英文を書く力を測る。

▶設問の解説◀
1．書き手は外国にホームステイ中の中学生，読み手はホームステイ先の町の人々（不特定多数）という設定としている。
2．ポスターを書くという現実的な設定としている。
3．条件を示すことで，生徒の書く英文を制限している。次の2つの条件を設定している。
　①日本語のメモに沿って書くということで，英文の内容を指定している。
　②メモの横に指定語を1語設定することにより，使用できる構文や表現を制限している。
　　上記2つの条件に合っていればよいので，正解は1つとは限らないが，生徒が書く英文はかなり限定される。なお，次の文法事項を使った英文を要求している。
　(1) 受け身　(2) 現在完了　(3) 比較　(4) 動名詞（または不定詞）

▶解答例◀
(1) His name is written on the collar.
(2) He has broken his front leg before.
(3) He likes meat better than dog food.
(4) He likes sleeping under a tree.

▶採点基準◀
　文法やつづりの正確さを見る。1文3点で採点する（12点満点）。
　　3点：文法やつづりが正しい。
　　2点：つづりや冠詞などに誤りがあるが，おおむね正しい。
　　　　（例）He has broken front leg before.
　　1点：文法に大きな誤りがあるが，伝えようとしていることはなんとか理解できる。
　　　　（例）He broken his front leg before.
　　0点：伝えようとしていることが理解できない。

[3年　平成15年]

2 【W：書く力】（表現の能力－トピック指定）

　あなたの学校は，総合的な学習の時間にアメリカの中学校の先生を招待します。あなたはゲストの Mark Smith（マーク・スミス）先生に手紙を書き，質問することにしました。それぞれ書き出しの語句に続く質問文を自由に考え，英文を完成させなさい。ただし，同じ内容のことを書かないこと。

Dear Mr. Smith,

Hello. How do you do? I have some questions.

(1) Do you _____ ?

(2) Do your students _____ ?

(3) Where _____ ?

(4) What _____ ?

I'm going to ask you these questions in class.
See you then.

　　　　　　　　　　　　　　　　　　Best wishes,
　　　　　　　　　　　　　　　　　　　＜Your name＞

▶出題のねらい◀
伝えたい内容を表現するために,必要な語句を自分で考え英文を書く力を測る。

▶設問の解説◀
1. 書き手は日本の中学生,読み手は学校に訪れる外国人の先生という設定としている。
2. 総合的な学習の時間に学校に来てくれる外国人の先生に手紙を書くという現実的な設定としている。
3. 質問を行うという設定にすることで,質問文が正しく書けるかどうかを試している。
4. 文頭の語を示すことにより,質問する際の文の形を制限している。これにより,Do you like tennis? や Do you like soccer? のように,同じ文の形による質問を羅列できなくしている。また,さまざまな文の知識を試せるようにしている。

▶解答例◀
(1) Do you have any pets? / Do you speak Japanese? / Do you like Japanese food?
(2) Do your students come to school by bus? / Do your students study Japanese? / Do your students like studying?
(3) Where do you live? / Where do you want to visit? / Where is your school?
(4) What is your favorite baseball team? / What Japanese food do you like? / What do you teach?

▶採点基準◀
文法やつづりの正確さを見る。1文3点で採点する(12点満点)。
　3点:文法やつづりが正しい。
　2点:つづりや冠詞などに誤りがあるが,おおむね正しい。
　　(例) Do your students like studing?
　1点:文法に大きな誤りがあるが,伝えようとしていることはなんとか理解できる。
　　(例) Do your students like study?
　0点:伝えようとしていることが理解できない。または,同じ内容の英文を書いている。
　　(例) Do you live in New York? Where do you live?(どちらか一方を0点)

[2年　平成15年]

3 【W：書く力】（表現の能力—トピック指定）

　今度の日曜日，あなたは留学生のジョンと遊びに行く約束をしました。ジョンから，下にあるようなメールが来ています。

【ジョンからのメール】

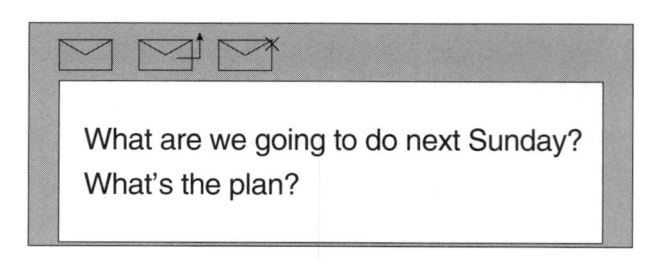

> What are we going to do next Sunday?
> What's the plan?

●ジョンからのメールに対する返事として，

　　① 次の日曜日にすること
　　② する場所
　　③ 待ち合わせの場所
　　④ 待ち合わせの時刻

を自分で考えて，解答用紙の所定の欄に，2～4文で書きなさい。

返信文作成　to: John(john@czweb.ne.jp)
Hi. Thank you for your mail.

See you.

◉決定

▶出題のねらい◀
場面の情報をもとに，自分の立場で適切な表現ができるかを測る。

▶設問の解説◀
1．書き手は日本の中学生，読み手は留学生の友だちという設定としている。
2．日本に来ている留学生の友だちにメールを書くという現実的な設定としている。
3．返事として書く内容を示すことにより，生徒の書く英文を制限している。ただし，文の形や表現については制限を設けていないので，文の働き（「提案する」）に合ったものであれば何でもかまわない設定としている。
4．指示された4つの内容を英文に入れるので，文の数に制限はない。

▶解答例◀
・How about going to the movies in Shibuya? Let's meet at the station at one o'clock.
・Let's go shopping in Harajuku next Sunday. It is an interesting place. Will you come to my house at ten in the morning?
・Would you like to come to my house to play video games? I bought a new game. It's a lot of fun. Please come to my house at two.
・Shall we go to the park to play tennis? Let's meet in front of the park at nine in the morning.

▶採点基準◀
8点満点で採点する。
1．4つの指示された内容が英文に含まれている。　　1点×4
2．提案する表現が正しく使われている。　　　　　　2点
3．文法やつづりが正しい。　　　　　　　　　　　　2点

（例）How about go to the movies in Shibuya. Let's meet at the station.
　①待ち合わせ以外の3つの内容が含まれているので3点
　②提案する表現のうち，How about のあとの動詞が -ing となっていないので1点
　③文法やつづりに誤りはないので2点
　合計6点

[3年 平成14年]

4 【W：書く力】（表現の能力―トピック指定）

　あなたは次の英語の授業で，ALT の先生に自己紹介カードを提出することになりました。下にあげた内容などを参考にして 3 文以上の英文を書き，カードを完成させなさい。ただし，3 文以上書いても，同じ表現の繰り返しは減点となりますので注意してください。

（吹き出し）勉強のこと，部活のこと，休日のこと，好きなこと，習い事，などほか

★ 自己紹介カード ★

My name is （あなたの名前）．
（この下に続けて，3 文以上書きなさい。）

_____

_____

_____

▶出題のねらい◀

指示されたトピックに関して，適切，かつ，積極的に表現する力を測る。

▶設問の解説◀

1．書き手は日本の中学生，読み手は外国人の先生という設定としている。よく，自己紹介の自由英作文はテストで出題されているが，書き手や読み手の設定を行っていないことが多い。読み手を設定することで，読み手が知っている情報（この場合では I'm a junior high school student. など）を入れる必要はなくなる。
2．新しい ALT の先生に自己紹介文を書くという日本の学校で起こり得る設定としている。
3．トピック指定の問題では，何を書いたらよいかわからないため，何も書かないということがよくある。そこで，書く内容のヒントを提示している。
4．I like tennis. I like soccer. I like baseball. のように，同じ表現を繰り返すことがよく見受けられるので，これを防ぐために指示文の中で指示を出している。

▶解答例◀

・3 文がそれぞれ異なる内容となっている例

　I have two brothers. I live near the school. I like English and music.
・2 文がつながりのある内容となっている例

　I like English very much. My favorite sport is soccer. I am on the soccer team.
・3 文がつながりのある内容となっている例

　I like playing the piano. I practice the piano every day. I want to be a pianist.

▶採点基準◀

4 文以上書いた場合には，そのうちの 3 文を採点する。「文法やつづりの正確さ」を規準にして評価する。なお，文のつながりは評価の対象としない。1 文 3 点で採点する（9 点満点）。

　　3 点：文法やつづりが正しい。
　　2 点：つづりや冠詞などに誤りがあるが，おおむね正しい。
　　　（例）I have two brother.
　　1 点：文法に大きな誤りがあるが，伝えようとしていることはなんとか理解できる。
　　　（例）I am have two brothers.
　　0 点：伝えようとしていることが理解できない。

[2 年 平成 15 年]

5 【W：書く力】（表現の能力―トピック指定）

　アメリカに帰国することになった Jill（ジル）先生にクラスで色紙を作り，渡すことにしました。解答欄の Hi, Jill. から Goodbye の間に，3文以上の英文で，あなたの感謝の気持ちを書きなさい。ただし，全部で10以上の語を使うこと。
（注）「.」や「,」「?」は語数に数えません。I have a book. は4語と数えます。

Hi, Jill.

Goodbye, XXXXX
（あなたの名前）

▶出題のねらい◀
与えられた情報で伝えられるべきメッセージを自分で作り,それを英語で書く力を測る。

▶設問の解説◀
1. 書き手は日本の中学生,読み手は外国人の先生という設定としている。
2. 帰国する ALT の先生にメッセージを書くという日本の学校で起こり得る設定としている。
3. 3文以上,10語以上の指定を行うことで,短い英文を羅列しないようにしている。

▶解答例◀
- Thank you very much. I love your lessons. I enjoyed talking with you.
- Your classes were great. You are the best teacher. Take care of yourself.
- I want to be an English teacher like you. I'll study English very hard. I'll visit your country some day.
- I don't like English. But I had a lot of fun with you. Please come again.
- I like English. I'll study English hard. See you again.

▶採点基準◀
1文を2点とし,トピックに関してつながりのある文章で構成されていれば2点加算し,全体で8点満点とする。つづりや文法の誤りは1点減点とする。トピックに関係ないもの,同じ内容の繰り返し,意味の通じない文は0点とする。

(例) Thank you very much.　I love lesson.　I enjoyed talk with you.
　　　　　　2点　　　　　　1点　　　　　　　1点
文の構成で2点加点
合計　6点

[2年 平成16年]

6 【W：書く力】（表現の能力―トピック指定）

あなたは外国の友人 Mike（マイク）に旅行先から絵はがきを送ることにしました。自分で旅行先を決め，場所を書き，旅行先での経験やその場所について相手に伝えたいことを3文で書きなさい。

August 1, 2005

Dear Mike,

I'm in（あなたの旅行先）now.

_____

_____

_____

I hope you are having a good summer too. Goodbye for now.

（あなたのサイン）

Mike Smith

234 West Street,
L.A. California, 92807
USA

▶出題のねらい◀
　与えられた1つのトピックで，自由につながりのある英文が書けるかを測る。

▶設問の解説◀
1．書き手は日本の中学生，読み手は外国人の友人という設定としている。
2．旅行先から絵はがきを送るという現実に起こり得る設定としている。
3．「場所を書き，旅行先での経験やその場所について」という指示を入れることで，異なるトピックとならないようにしている。

▶解答例◀
・I am in (Nagasaki) now. I came here with my family. We ate a lot of fish. We had a good time.
・I am in (Hawaii) now. The sea is beautiful. I swam in the sea. I saw many beautiful fish in the sea. I love Hawaii.
・I am in (Yamanashi) now. I climbed Mt. Fuji with my uncle yesterday. It was hard, but it was wonderful! The view was beautiful.
・I am in (Hokkaido) now. Have you ever been to Hokkaido? It is cool and the food is delicious. I ate sushi in Otaru. It was very good.

▶採点基準◀
　1文を2点とし，合計6点とする。それぞれの文で，語順の誤りは0点とし，つづりや時制などの誤りは1点減点する。トピックに関してつながりのある文章で構成されているかを次のように評価する。3文以上で4点，2文で2点，つながりがない場合は0点とする。合計10点満点。

（例）I'm in (Nagasaki) now. <u>I come here with my family.</u> <u>I want to go to Kyoto.</u>
　　　　　　　　　　　　　　　　　　1点　　　　　　　　　　　2点

　　　<u>We a lot of fish.</u>
　　　　　0点
　　文のつながり　2点
　　合計5点

[3年 平成17年]

7 【W：書く力】（表現の能力―トピック指定）

あなたは友人のトムに手紙を書きます。手紙に同封する写真が2枚あり，それぞれの写真の余白に説明をつけて送ろうとしています。それぞれの英文の下線部に，(1)は "We" から始まる英文を，(2)は "I" から始まる英文を自由に書きなさい。

(1)

This is my friend, Jiro.
I like him very much.
We_____.

(2)

This is my new computer.
I_____.
I like it.

▶出題のねらい◀
　絵の情報をもとに，英文を作るために必要な語句を自分で考えて補い，正しい英文が作れるかを測る。

▶設問の解説◀
1．書き手は日本の中学生，読み手は外国人の友人という設定としている。
2．写真にコメントを書くという現実に起こり得る設定としている。
3．「写真の情報」「文章のつながり」「主語」の3つの条件が提示されているが，条件指定の問題と異なり，英文の内容は自由に書くことができる。

▶解答例◀
(1) We often play tennis. / We are on the tennis team. / We are good friends. / We play tennis every Sunday.
(2) I use it every day. / I bought it last Sunday. / I got it from my father. / I got it for my birthday.

▶採点基準◀
　「文法やつづりの正確さ」を規準にして評価する。1文3点で採点する（6点満点）。
　　3点：文法やつづりが正しい。
　　2点：つづりや冠詞などに誤りがあるが，おおむね正しい。
　　　　（例）We play tennis in Sunday.
　　1点：文法に大きな誤りがあるが，伝えようとしていることはなんとか理解できる。
　　　　（例）We are play tennis on Sunday.
　　0点：伝えようとしていることが理解できない。または，絵や文脈に合っていない。

[2年 平成11年]

D 文法のテスト

[1] 文法のテストの作成のつぼ

ⓐ 文脈の明示

　文法のテストというと，最もコミュニカティブ・テスティングとは遠いところにあるようなイメージがあるかもしれない。確かに，言語能力をこのような切り方でテストをすること自体がそもそもコミュニカティブではないという主張もあるであろう。しかしながら，文法テストだからこそコミュニカティブであるべきという考え方もある。

　コミュニカティブ・テスティングという視点から見て，従来の文法のテストが問題であったのは，文脈が全くない，ばらばらな文が出題されていたことだ。しかもその文は誰が誰に向かって言っているのかもわからなかったのである。このように何の脈絡もない形で文が単独で発話されたり，書かれたりすることは現実の生活ではめったにない。したがって，コミュニカティブ・テスティングの文法テストの作成に当たっても，「どこで誰が誰に向かって発話している（または，書いている）」のかが明示された問題を作ることである。こうした問題の具体的な有り様については，言葉だけでイメージするのは難しいかもしれないので，[2]の実例を参照してもらいたい。

ⓑ 言語の形式より意味を重視

　文法のテストとなると，言語の形式のテスト（どの形が正しい形かなどを問うテスト）となっていることが多い。しかし，コミュニカティブな文法のテストでは，言語の形式そのものではなく，言語の形式が持つ「意味」をテストすべきであるといわれている（Rea Dickens, 1995）。例えば，ある文脈において，どの動詞の形（現在形・過去形・現在進行形・現在完了形など）が最もふさわしいかを判断するような問題である。都中英研の文法のテストでは，選択肢のどれもが「形式上」は正しくなっており，文脈から判断して，その中から「正しい意味を表す形式」を選ぶことになっている。

ⓒ コミュニケーションを実感できる問題

　上のような条件を満たすことで，テストは確実にコミュニケーションを実感できる問題となっていくだろう。生徒は，文法問題ではあるけれども，その問題を解きながら，実際に英語をコミュニケーションのために使っているような感じを持てるのである。かつて行った調査では，中学生はコミュニカティブな文法テストも並べ換え問題も同程度に好んでいるが（根岸，2001），コミュニケーションを実感しているのはコミュニカティブな文法問題であり，並べ替え問題にはこのような実感を持っていないことがわかった。ここに文法問題をコミュニカティブにするメリットがあるといえるだろう。

[2] 文法のテストの実例

【G：文法力】（言語の知識・理解—（主に）時制）

次の絵の吹き出しに入る英文として最も適するものをア〜エの中から1つ選び，記号で答えなさい。

① You { ア must not swim / イ are not swimming / ウ don't have to swim / エ will be able to swim } here.

② ア Ken is older than Emi.
　 イ Ken and Emi are older.
　 ウ Emi is as old as Ken.
　 エ Emi is older than Ken.

③ Oh, you { ア have / イ had / ウ will have / エ were having } a lot of cars.

④ What { ア will you look / イ do you look / ウ are you looking / エ did you look } for?

⑤ I { ア get / イ got / ウ will get / エ am getting } it in Mexico.

You have a nice hat.

⑥ In the yard.

Look! He { ア washes / イ washed / ウ is washing / エ was washing } his car.

⑦ Where { ア do you go / イ did you go / ウ are you going / エ were you going } ?

⑧ OK. I { ア see / イ saw / ウ was seeing / エ will see } you at twelve.

⑨ Yes. I { ア do / イ will do / ウ have just done / エ was doing } my homework.

▶解答◀
① ア　［3年　平成10年］
② エ　［3年　平成10年］
③ ア　［2年　平成17年］
④ ウ　［3年　平成17年］
⑤ イ　［2年　平成17年］
⑥ ウ　［2年　平成12年］
⑦ ウ　［2年　平成12年］
⑧ エ　［2年　平成13年］
⑨ ウ　［3年　平成17年］

▶解説◀

　文法問題として何を出題するかであるが，限られたスペース中，日本語との違いという視点から「時制」と「語順」を主に扱っている。特にイラストを用いた問題では，状況がはっきりわかるという点から「時制」の問題が多い。ただし，事実関係をはっきり示すことができるということから，②のような「比較」のテストにも適用可能である。

　これらの問題では，文脈が示されていて，誰が誰に向けて発話している文なのかが明らかになっている。また，選択肢は，すべて文法形式上正しいものであり，この文脈を正しく表す「意味」を担った文法形式を選択する問題となっている。なお，この問題のテスティング・ポイントはあくまでも文法である。「読む」ことではないので，共通部分（①であればYou と here.）は，ステムとして出してしまうことで，生徒が英文を読む量はできるだけ少なくしている。また，それとともに，それぞれの選択肢の違いをはっきりさせている。

　以下に，過去に出題した問題を時制ごとに整理して，紹介する。ただし，スペースの関係で，イラストは省略してある。イタリックの部分がテスティング・ポイントで，カッコ内は distractors（錯乱肢）である。

① 現在形
・("Let's play soccer." に対して) "Sorry, but I can't. I *have* (had, will have, was having) a lot of homework." ［2年改訂／平成16年］
・(外国人に魚料理をすすめる親に子どもが) "He *doesn't eat* (didn't eat, isn't eating, wasn't eating) fish." ［2年／平成14年］

② 現在進行形
・(マラソンの実況中継をするアナウンサー) "No.112, Mr. Kato, *is walking* (walked, walks, will walk)!" ［2年／平成15年］
・(授業中マンガを読んでいる生徒に対して先生が…) "What *are you reading* (do you read, were you reading, will you read)?" ［2年／平成16年］
・(料理をしている友人に) "What *are you cooking* (do you cook, did you cook, were you cooking)?" ［2年／平成14年］

③ 過去形
・(少女が祖母にリンゴのカゴを渡しながら) "I *went* (will go, go, am going) to Aomori." ［2年／平成15年］
・("I'm full. I can't eat anymore." に対して) "What *did you eat* (do you eat, are you eating, will you eat)?" ［2年／平成12年］

D　文法のテスト　53

- （大きな雪だるまの前で遊ぶ子どもたちに）"*Did you make* (Are you making, Do you make, Will you make) this snowman?"［2年／平成14年］

④ 過去進行形
- （机の上にマンガを残して出て行く少年。母親が…）"*Was Jun reading* (Does Jun read, Will Jun read, Is Jun reading) a book?"［2年／平成15年］
- （電話をしても出なかった友人への "Where were you?" に対して）"Oh, I *was listening* (will listen, listened, am listening) to music."［2年／平成16年］

⑤ 未来形
- （徒競走，スタート直前の選手が…）"I *will do* (did, do, was doing) my best."［2年／平成15年］
- ("Do you have any plans for next Sunday?" に対して）"I *will see* (see, saw, was seeing) a movie in Shinjuku."［2年／平成12年］
- ("Are you free?" に対して）"I *am going to play* (play, played, was playing) tennis."［2年／平成16年］
- （黒い雲が広がり稲光が走るのを見て）"It *will rain soon* (is raining, was raining then, will rain soon)."［2年／平成10年］

⑥ 現在完了形
- （走り去るバスに対して）"Oh, the bus *has gone* (goes, went, will go)."［3年／平成16年］
- （電車のホームで怒っている少女が遅れて来た少年に対して）"The train *has left* (leaves, was leaving, will leave)."［3年／平成15年］
- （食事中の少女が出かけようとしている母親に対して）"Mom, I *haven't finished* (didn't finish, don't finish, won't finish) lunch."［3年／平成14年］

E 語彙のテスト

[1] 語彙のテストの作成のつぼ

ⓐ 語彙知識を問う意味

　語彙の知識が，コミュニケーションの中で重要な位置を占めていることはいうまでもないだろう。しかしながら，コミュニカティブな語彙テストというものが存在し得るのかについては，まだその結論を見ていないといってよい。言語テストにおいてこの要素だけを取り出してテストしてしまうと，コミュニケーション能力を測っているようには見えず，単語のテストをコミュニカティブな方向に大きく振ってしまうと，今度は見ようによっては単なるリーディング・テストやライティング・テストになってしまう。

ⓑ 文脈の明示

　では，現時点で考えられるコミュニカティブな語彙テストの条件とは，どのようなものだろうか。ひとつには，文法のテストと同様，文脈を明示するということは重要であろう。従来の語彙のテストでも，文脈が全くないばらばらな文が出題され，しかもその文を誰が誰に向かって言っているのかもわからないというものが多かった。そこで，少なくとも，文の中で単語を問うとして，その文がどのような場面で，誰が誰に向けて発した言葉なのかを示す必要があると考えられる。

ⓒ 語彙のテストの基本

　コミュニカティブ・テスティングといえども，語彙のテストの基本は守らなければならない。それらは，例えば以下のようなものだ。
・選択肢となる語は，文法形式的にはすべて正しい形であるべきである。
・選択肢となる語は，みな同じカテゴリーに属するべきである。
・原則としては，問題に用いられている単語は，テストしようとしている単語よりもやさしいものでなければならない。

ⓓ 語彙のテストで問われる単語

　語彙のテストでは，どのような単語を出題するかという点が重要となる。都中英研のようにテストが実施される地域に何種類もの検定教科書が用いられているという状況になるとなおさらである。したがって，語彙のテストの対象とする語は，すべての検定教科書で扱っているものとした。
　その上で，それぞれの学年で基本的に身につけておいてほしいと思われる単語を出題している。語彙のテストというと，「内容語」のテストと思われるかもしれないが，中学の学習段階においては，前置詞や接続詞などの重要な「機能語」もテストの対象とすべきであろう。

[2] 語彙のテストの実例

1 【V：語彙力】（言語の知識・理解―文字言語による理解）

次の（ ）内に入る語として最も適するものをア～エの中から1つ選び，記号で答えなさい。

① A: I'm very （　　）.
　B: OK. Let's have lunch. I know a good restaurant.

　　ア busy　　　イ fine　　　ウ hungry　　　エ sick

② A: Hello, this is Tom speaking. Is that Mika?
　B: Sorry. She's out.
　A: OK. I'll （　　） her later.

　　ア call　　　イ ask　　　ウ tell　　　エ show

③ A: How many （　　） do you have, Mr. Smith?
　B: I have three. One is a boy, and the others are girls.

　　ア sons　　　イ daughters　　　ウ children　　　エ sisters

④ A: Will you close the window, please? It's very cold.
　B: （　　）.

　　ア Open　　　イ Sure　　　ウ Please　　　エ Thanks

⑤ A: I have been very busy this week. I'm very tired.
　B: That's too （　　）.

　　ア good　　　イ well　　　ウ bad　　　エ late

⑥ A: Do you have a pen?
　B: Yes. （　　） you are.

　　ア Here　　　イ Near　　　ウ Now　　　エ Sure

⑦ A: What （　　） do you like?
　B: I like tennis. I practice it every day.

　　ア animals　　　イ sports　　　ウ subjects　　　エ music

⑧ A: Mom, (　　) I go out now?
　 B: No. Clean your room first.

　　　ア do　　　イ can　　　ウ will　　　エ shall

⑨ A: Will you go to the mountain tomorrow?
　 B: Well, (　　) it's not rainy, we will.

　　　ア but　　　イ if　　　ウ or　　　エ that

⑩ A: Who is that girl (　　) a hat?
　 B: She's Kaori.

　　　ア with　　　イ on　　　ウ for　　　エ among

▶解答◀

1

① ウ ［2年　平成13年］
② ア ［2年　平成13年］
③ ウ ［2年　平成11年］
④ イ ［3年　平成10年］
⑤ ウ ［3年　平成10年］
⑥ ア ［2年　平成15年］
⑦ イ ［2年　平成16年］
⑧ イ ［2年　平成17年］
⑨ イ ［3年　平成16年］
⑩ ア ［3年　平成16年］

▶解説◀

　対話文形式で語彙問題を出題するときに注意したいのは，対話文を読む必然性を持たせるということである。①の場合，Bの"OK. Let's have lunch."という発話やrestaurantという語から，hungryという正答を得ることができる。仮にAの発話を"I'm very (　). I want something to eat."としてしまえば，Bの応答を読まなくても解答できてしまい，対話文とする意味がなくなってしまう。

　コミュニカティブ・テスティングでは，実際のコミュニケーションの場面で適切な語彙の運用ができるかどうかが重要となる。②の場合，「電話での会話」という場面で欠かせないcallという語彙を使うことができるかどうかを見ている。実際のコミュニケーションの場面としては，「あいさつ」「自己紹介」「買い物」「道案内」など現行学習指導要領の「言語の使用場面の例」を参考にするとよいだろう。

　語彙問題では文法知識を見ているわけではないので，その選択肢は，文法形式的にはすべて正しい形でなければならない（例えば，③の場合，childという語は選択肢になり得ない）。また選択肢となる語は，みな同じカテゴリーに属することが好ましい（③の場合，家族関係を表現する語を選択肢としている）。

　語彙問題では，単語の知識・運用力だけなく，日常のコミュニケーションの場面で有用な慣用表現も扱っている。⑤の場合，相手に同情したり気遣ったりする表現"That's too bad."が，⑥では相手に物を手渡すときの表現"Here you are."がテスト対象となっている。

　語彙問題というと，名詞や動詞など「内容語」のテストと思われるかもしれないが，中学の学習段階においては，前置詞や接続詞などの重要な「機能語」もテストの対象となる（⑨では接続詞，⑩では前置詞を出題している）。

　⑨の場合，orやthatは文法形式上正しいとはいえない。thoughという接続詞を選択肢に加えたいところだが，未習の地区があったために，採用できなかった。東京都の場合，区・市単位で教科書が採択され，全社の教科書がどこかで使われており，共通の語彙を使用することが大変難しくなっている。

2 【Ⅴ：語彙力】（言語の知識・理解―文字言語による理解）

次の（ ）内に入る語として最も適するものをア～エの中から1つ選び，記号で答えなさい。

① A: What is the weather like in Kyushu?
　 B: It is（　　）.

　　ア sunny　　イ cloudy
　　ウ rainy　　エ snowy

② A: July 14 is my mother's birthday. What day is it?
　 B: It is（　　）.

　　ア Tuesday　　イ Wednesday
　　ウ Thursday　　エ Friday

③ A: Do you know Ms. Smith?
　 B: Yes. She is my（　　）.

　　ア mother　　イ father
　　ウ uncle　　エ aunt

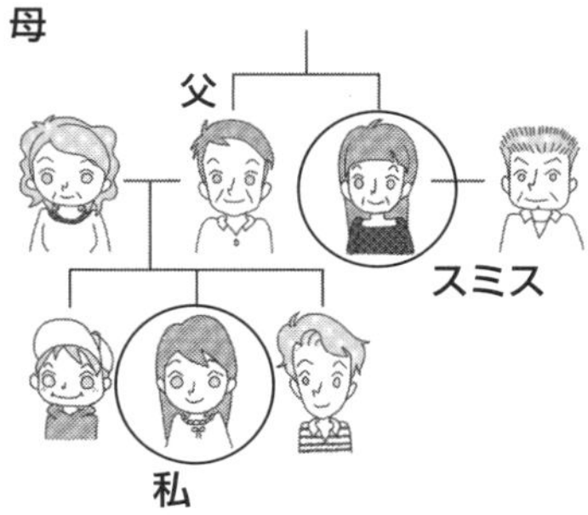

④ A: Where is my racket?
　 B: It is（　　）the desk.

　　ア under　　イ at
　　ウ on　　エ near

⑤ A: Who did this?
　 B: I'm（　　）, I did.

　　ア nice　　イ sorry
　　ウ happy　　エ away

▶解答◀

2 ①ア　②ア　③エ　④ア　⑤イ　[2年　平成10年]

▶解説◀

　語彙問題で大切なことは，文の中で単語を問うとして，その文がどのような場面で，誰が誰に向けて発した言葉なのかを示すことである。そこで「場面」や「状況」をはっきり明示することができるイラストを用いることもある。

　イラストを用いる場合に留意しなければならないことは，イラストを使う必然性があることである。イラストを見なくても解答できる問題は意味がない。また，イラストも何を答えればよいのかがはっきりとわかるものでなければならない。したがって，chair, bike などの名詞や run, sleep, ski など，はっきりと動作を表す動詞，on, under など場所を示す前置詞などには適するが，new, beautiful, tired など見る人の主観によって異なるような形容詞，know, have（所有）など状態を表す動詞などにはあまり適さない。

　①の場合，九州の天気が問われている。この場合中学2年生として，九州がどこにあるのかは常識として知っていると思われるので大きな問題にはならないだろうが，英語以外の知識がなければ答えられない問題は適切とはいえない。つまり，sunny という語は知っていても，九州がどこにあるのかがわからなかったために答えられなかったとなると，この問題は英語の問題として不適切である。

　①②③の場合，なぜAがそのような発話をするのかをイラストや対話文の中で明確にされている。例えば，①では，イラストからAとBが関東・九州間で電話していることがわかる。②では，7月14日が母親の誕生日であるために，曜日を知りたいのだとわかる。③では，スミスさんを知っているかと問われて，知っていると答えており，どうして知っているかの情報を付加する必然性が出てくる。

3 【V：語彙力】（言語の知識・理解―音声言語による理解）

これから聞く英文は，それぞれどの絵について言っているのでしょうか。ア～エの中から1つ選び，記号で答えなさい。

▶Script◀

3

＊イタリックの部分が測りたい語。

① I like *winter*.

② My ball is *on* the desk.

③ Oh, you have a very *small* dog.

④ He looks *tired*.

⑤ My cat is *between* the dogs.

▶解答◀

①エ　②ア　③イ　　［2年　平成17年］
④エ　⑤ア　　　　　［3年　平成17年］

▶解説◀

　語彙問題ではある場面・状況において，語の意味を正しく理解できるかどうか，適切な語彙を認識できるかどうかを見てきた。これまでは，場面・状況を文字やイラストで示してきた訳だが，リーディングの要素が強くなりすぎてしまうのではないかという疑問が出てきた。コミュニケーションテストであれば，リスニングを通して語彙の理解度を測ることがあってもよいはずである。そこで，平成17年度から音声による語彙問題を出題している。17年度は単文を聞いて絵を選択させる形式だったが，状況・場面を明確にするために対話文にすべきかなどについて今後も検討したい。

　61ページで紹介した問題以外の例は以下の通りである。

・"My little sister is *walking*." を聞いて，部屋の中を歩きまわる少女の絵を選ぶ。[2年／平成17年]

・"It's *cloudy*." を聞いて，曇りの絵を選ぶ。[2年／平成17年]

・"Turn *left*." を聞いて，左折の絵を選ぶ。[3年／平成17年]

・"She has a *cold*." を聞いて，風邪で寝込んでいる少女を選ぶ。[3年／平成17年]

・"She has just *eaten* an apple." を聞いて，リンゴを食べ終わった絵を選ぶ。[3年／平成17年]

第4章

スピーキングのテストの実際

A 広まるスピーキング・テスト

「聞くこと・話すこと」を中心とした中学の英語教育では，その評価を「紙と鉛筆のテスト」だけで行うことは整合性がないだろう。いくら授業中一生懸命英語を話していても，それは評価されないことになってしまうのだ。しかしながら，近年は（とりわけ，絶対評価の導入後は），授業観察が強調されたこともあり，「話すこと」の評価がずいぶん頻繁に行われるようになってきている。この場合は，もっぱら教室での様々なスピーキング活動を「観察評価」しているわけであるが，実は「テスト」による評価もここに来てかなり増えてきているように思われる。ただ，せっかく広まりつつあるスピーキング・テストであるが，問題がないわけではない。それは，スピーキング・テスト自体の問題と採点の問題とに大きく分かれる。以下，それぞれ順に見ていく。

スピーキングの力を見ようとすると，すぐに思いつくのがインタビュー・テストである。しかし，世の中には様々な種類のスピーキング・テストがある。ここでは，実際にこれらのテストを見ながら，それぞれのテスト方法の特性を考えていく。

B コミュニカティブなスピーキング・テストとは？

世の中にはちょっとした誤解があるかもしれないが，すべてのスピーキング・テストが「コミュニカティブ」なテストであるわけではない。例えば，文復唱テスト（sentence repetition test）は，スピーキング能力の根底にある能力を測っていると考えられている。また，口頭並べ換えテストも同様である。音読などのテストもスピーキング・テストに含まれることもあるが，これもスピーキング能力の一部の能力として測定されているといえる。これらのタイプのテストは，現実生活で求められるタスクを遂行させてみることで，話す能力を見ようとしているコミュニカティブなテストとは異なるアプローチを取っている。これらのテストは，さまざまな現実的なタスクの遂行に共通して必要と考えられる「根底にあるスピーキング力」を見ようとしているのである。

> 文復唱テスト（sentence repetition test）：
> 　聞こえた文を繰り返して言ってください。
> 　　　Cue: When I came home, my sister was reading a book.
> 　　　Answer: When I came home, my sister was reading a book.
>
> 口頭並べ替えテスト：
> 　聞こえてくる語句を並べ替えて，文を言ってください。
> 　　　Cue: than yours ... is longer ... my pencil
> 　　　Answer: My pencil is longer than yours.

　では，コミュニカティブなスピーキング・テストとは，どのようなものであろうか。

[1] 文脈と役割が明確であること

　すべてのスピーキング・テストに文脈があるわけではない。教室などで行われるインタビュー・テストでは，場面が明示されていなかったり，インタビューする側とされる側の役割が特に明示されていないことが少なくない。しかしながら，多くの場合は，学校で行われるインタビュー・テストは，「学校」という場面において，「教師」と「生徒」という実際の役割に基づいて行われている。したがって，このようなテストは，「文脈のないテスト」とは必ずしもいえないかもしれない。ただし，現実の関係を前提としてしまうと意味のないやり取りもできてしまう。例えば，教師が自分の生徒に，What is your name? と質問したり，Where do you live? と質問したりするのは，意味がないであろう。こうしたことについては，教師が普通知らないわけがないからである。同じ質問でも，転校生や留学生という役割を与えれば，やり取りの意味が出てくるであろう。

　実は，インタビュー・テストでは，インタビュアー（interviewer）とインタビュイー（interviewee）の関係は，必ずしも自然なものではない。例えば，現実の会話と違って，「インタビュアーだけが質問することになっており，インタビュイーからの質問は通常想定されていない」「インタビュアーは，インタビュイーのメッセージの中身よりも，(英語が) 正しく言えているかに興味がある」といような特徴がある。これらの問題点を解決するひとつの方法としては，生徒同士で会話を行わせる方法がある。ペアでやることもあるだろうが，生徒3人で会話させることもできる。生徒間の会話であれば，誰かが一方的にインタビューするという形にはならないであろう。

　スピーキング・テストで与えられる役割（role）は，必ずしも「自分自身」だけではない。ロール・プレイなどでは，自分以外の役割が与えられ，ある文脈の中で，その役割を演じることになる。このような場合は，現実の生活で生徒が演じそうな役割を課す必要があるであろう。さもないと，与えられた役割になじみがないために，その課題が達成できないというような事態が生じてしまう可能性がある。

[2] タスク遂行の目的があること

　タスク遂行の目的が明確になっていることは，ほかの技能と同様，スピーキング・テストでも同様である。お互いにわかりきった情報のやり取りや単なるテストのため

のテストは，コミュニカティブなスピーキング・テストとはいえないだろう。例えば，同じ絵の描写テストでも，お互いに同じ絵を見て描写しているような場合は，描写しなければならない必然性がない。これに対して，インタビューする側とされる側が異なった絵を持ち，しかも，その違いを探す必然性があるようなタスク（例えば，留守中に泥棒に入られ，何か盗まれたものがないかどうかについて警察官に伝えるなど）を遂行させるとなれば，コミュニカティブな度合いは高くなるであろう。

　文復唱テストのようなテストは，通常現実的なコミュニケーション・タスクの遂行を見ているのではなく，言われた文を繰り返すという作業に伴う言語処理能力を見ようとしている。しかし，これもコミュニカティブ・テスティングであれば，同じように相手の言うことを繰り返すのであっても，相手の発言内容の確認のために繰り返させたりするであろう。また，音読であっても，コミュニカティブ・テスティングであれば，機械の取扱説明書を機械の操作を行う人に音読してやるなどの現実的なタスクになるだろう（Heaton, 1988）。このような「タスク遂行の目的」という視点を持つだけで，テストはコミュニカティブになっていくのである。

[3]「言語形式」の操作でなく，「意味」のやり取りを行っていること

　インタビュー・テストの中には，インタビュアーがその答えをすでに知っているような質問を行っていることがある。これは display question と呼ばれるが，このような質問では，「言語形式」の操作が正しく行われているかどうかしか見ておらず，実質的な意味のやり取りがあるとはいえないだろう。例えば，How is the weather today? と聞いているのも，今日の天気がわからないからではない。すでに知っていることを英語で言えるかを見ているだけである。コミュニカティブ・テスティングでは，本当の意味で情報のやり取りを行わなければならないのである。インタビューにおいて質問するのであれば，インタビュアーがその答えを知らないような referential question をするべきである。

C　スピーキング・テストの採点をどうするか

　スピーキング・テストの採点には，誰が採点するかという問題とどう採点するかという問題がある。

[1] 誰が採点するか

　スピーキング・テストの採点を誰が行うかといった場合，単純には教師自身ということになるように思われる。しかし，実際には ALT に任せているという例が意外と多い。英語のネイティブ・スピーカーが採点するというのは，一見すると妥当な判断のように思われるが，これがいつもうまく機能しているわけではない。問題なのは，いわゆる「ALT への丸投げ」というケースである。つまり，採点は（そして，多くは面接も）すべて ALT が1人でやっているのである。もちろん ALT が採点してうまくいく場合もあるが，それは担当の日本人教師が，そのときのスピーキング・テストの目的や評価基準を十分に伝えている場合である。ところが実際には，丸投げを行っている日本人教師は，往々にして ALT と十分なコミュニケーションがとれていないことが多いのである。

スピーキング・テストの目的や評価基準を十分に伝えていないと，ALTは自分の持つ基準で採点してしまう（しかも，これがいつも「発音」や「流暢さ」であったりする）ので，結果的には「しゃべれる子はいつでもしゃべれる」となっていることが少なくない。つまり，本来の評価基準への到達の有無に関係なく，採点が行われてしまっているのである。

　実は，日本人が採点している場合でも，無意識のうちに「評価基準」と異なった基準で採点してしまっていることがあるので，注意が必要である。誰が採点するのであれ，指導目標との整合性は常に心がけなければならない。

　また，ALTが採点するかどうかという問題以外に，スピーキング・テストの実施者が採点者を兼ねるかどうかも大きな分かれ目である。一般に，スピーキング・テストを実施しつつ，信頼性の高い採点を行うことは難しいとされる。それは，多くの場合，テストの実施に気を取られて，採点に十分な注意が向けられなくなってしまうからである。もし諸般の事情で，採点者がテストの実施者を兼ねなければならない場合は，以下に述べる「全体的採点」を行うのがよいだろう。また，仮に「分析的採点」を行う場合でも，その観点の数をかなり絞る必要がある。

[2] どう採点するか

　スピーキング・テストの採点方法は，大きく分けて2つある。1つは「全体的採点(holistic scoring)」であり，もう1つは「分析的採点(analytic scoring)」である。前者は，受験者の行動を全体的に捉えて採点する方法であり，後者は，それをいくつかの観点に分けて，分析的に採点する方法である。以下，それぞれの方法について考察する。

　まず，「全体的採点」である。この方法ではその目的によりいくつかの段階に受験者を分類するが，その際には，それぞれの段階の行動の特徴が記述されたバンドを用いる。このバンドの記述には，課されたタスクにより，「発音」や「文法的正確さ」「内容」など様々な観点が含まれるが，特徴は，複数の観点が1つのバンドの中に入れられている点である。

　この方法を「印象主義的採点(impressionistic scoring)」ということがある。しかし，いわゆる「印象」によって，「よくできる」のでA，「中ぐらい」なのでB，「あまりよくできない」のでCなどと判断しているわけではないので，この呼び方はやや誤解を招くかもしれない。

　この「全体的採点」では，あたかもこれら複数の観点が「手と手を取り合って，仲良く」発達していくという想定(holistic-universal view)のもとにあるということは認識しておいた方がいいだろう。つまり，例えば，「発音」がよい生徒は「文法」も正確で，「語彙」も豊富というような想定である。例えば，「バンドC：強弱のリズムの習得がまだ充分ではなく，現在進行形の文を正しく作れないこともある。また，単語の選択にも時々誤ることがある」というような具合である。こうした前提が崩れない限りは，「全体的採点」は，採点者側としては，簡便なよい方法ということができるかもしれない。

　これに対して，「分析的採点」では，複数の観点が立ち，その観点ごとに採点していく。このため，一般に，「全体的採点」に較べ高い信頼性が得やすいといわれている。また，学習者へのフィードバックも診断的な機能を持たせやすい。

　ただ，このようなメリットを実現するには，いくつかの注意が必要である。まず，

「観点の独立性の問題」である。例えば,「発音」と「文法的正確さ」という観点が立っていたとすると,「発音のよさ」にまどわされずに,「文法的正確さ」を判断しなければならない。次に,どのような観点を立てるかである。ここで立てる観点は,当然のことながら,指導目標に適合していなければならない。さもないと,評価は指導目標とまったく異なった観点でなされてしまうことになる。これは,上で述べた「ALTへの採点の丸投げ」にも起因することである。さらに,その観点の数も問題である。1つのテストであれこれ見たいという気持ちはわからないではないが,そう多くの観点を高い信頼性を持って見ることはできないだろう。とりわけ,定期試験などでは,毎回評価基準が異なるために,採点者がそれぞれの基準に徐々に習熟していくというわけにはいかない。であれば,本当に見たい観点に絞って見る必要がでてくる。

例えば,「話すこと」において,現在進行形が使えるかを見たとする。タスクは,校庭で5人の生徒がいろいろなことをしている絵を見て,それが誰かを描写するものとしよう。「言語的正確さ(現在進行形の使用)」と「発音の正確さ(強弱の適切なリズム)」「タスクの遂行」という3観点の基準は次のようになる。

	言語的正確さ (現在進行形)	発音の正確さ (強弱のリズム)	タスクの遂行
A	5文すべて正確	5文すべて正確	5人が誰かわかる
B	3,4文が正確	3,4文が正確	3,4人が誰かわかる
C	0,1,2文が正確	0,1,2文が正確	0,1,2人しかわからない

こうした基準をもとに,それぞれの観点で判断するわけであるが,もちろん文の数といった「量」での記述でなく,「質」での記述をすることもあり得る。いずれにしても,評価の基準となる具体的な行動を記述しておくことが重要である。

都中英研の英語コミュニケーションテストでは,スピーキング・テストは含まれていない。このため,以下では,現場の教育実践を紹介する。

D スピーキングをどう測るか：スピーキング・テストのタイプ

1 【インタビュー】（質問に対して応答するタイプ）

▶内容◀
教師の質問に対して，情報を付加して応答する。

▶日常の指導◀
質問に対する応答は，インタビュー活動などを行わせて指導することが多い。その際，質問に対して1文で応答させるのではなく，できるだけ付加情報を付けて応答する習慣をつけさせたい。例えば，Do you play tennis? の質問に対して，No, I don't. で終えてしまってはコミュニケーションへの意欲や態度に欠ける。No, I don't. But I play soccer. のように，コミュニケーションを継続しようとする態度を日頃より育てたい。

▶テストの概要◀
1．テストは個人別に行う。1人に対して，2～4つの質問を行う。
2．1クラスの人数に応じて，生徒1人当たりの実施時間や質問数を設定する。例えば，40人を50分間で実施する場合は，質問数を2問にし，制限時間を50秒（1問につき25秒間）に設定する。
3．どのような質問を行うか決める。相手が情報を付加して答えられるものが好ましい。
（良い例）Do you like sports?
（悪い例）Do you like table tennis?

▶テストの実施手順◀
1．テストの内容について説明を行う。

> 先生の質問に英語で答えるインタビュー・テストを行います。出席番号順で，1人ずつ隣の部屋に来てください。先生が3つ質問をしますので，それに対して，なるべく2文以上で答えてください。質問の内容が聞き取れなかった場合は聞き返しても結構です。1つの質問に対して約25秒間の応答時間があります。25秒経ったら，応答中でも次の質問を行います。インタビュー・テストが終了したら，図書室へ行ってください。インタビュー・テストの内容は友だちに話さないようにしてください。

2．テストを実施する。
3．その場で評価するか，ビデオカメラで録画し，あとで評価する。

▶質問例と生徒の発話例（中学2年生の例）◀
T: I'm going to ask you three questions. First, did you study yesterday?
S: No, I didn't. I was tired and went to bed early.
T: I see. What do you like to do in your free time?

S: I like to listen to music. I like music very much. My favorite singer is Kumi.
T: I see. Which season do you like the best?
S: I like summer the best. I like swimming in the sea.
T: Oh, you like swimming. That's all.

▶評価基準と評価例◀

1つの質問に対して次の観点で評価する。

1．適切さ（質問に対して適切な応答をしているか）
　2点：適切に応答している
　　（例）I like summer the best. I like swimming in the sea.
　1点：応答の一部に適切さが欠ける
　　（例）（Which season do you like the best? に対して）I like swimming.
　0点：適切に応答していない
2．正しさ（文法や語句の使用が正しいか）
　2点：正しい発話をしている
　1点：文法や語句の一部に誤りがあるが，意味は伝わる
　0点：文法や語句の誤りが多く，意味が伝わらない
3．情報量（質問に対して2つ以上の情報を伝えている）
　2点：1つ以上の情報を伝えている
　　（例）I like summer because the vacation is long.
　1点：1つの情報を伝えている
　0点：無言

▶評価カードの例◀

評価カード				
＿＿＿年＿＿＿組＿＿＿番　氏名＿＿＿＿＿＿＿＿				
	適切さ	正しさ	情報量	合　計
Q1	2・1・0	2・1・0	2・1・0	
Q2	2・1・0	2・1・0	2・1・0	
Q3	2・1・0	2・1・0	2・1・0	

2 【即興スピーチ】（即興でスピーチを行うタイプ）

▶内容◀
教師の提示する題（タイトル）について，即興でスピーチを行う。

▶日常の指導◀
　Prepared speech（事前にスピーチ文を作成して行うスピーチ）は教科書にも取り上げられているので，授業でよく行われている活動である。スピーチ活動は，長いスピーチを年に1回行わせるよりも，短いスピーチを学期に数回行わせるほうが話す力を身につけさせることができる。発話機会を多く持たせられることと，さまざまなトピックで話をする機会を与えることができるからである。Impromptu speech（即興スピーチ）は中学生にとって難しいが，4人くらいのグループの中で教師の示した題について，3～5文程度の短いスピーチを述べ合う活動を授業で行うと次第に話すコツがつかめてくる。

▶テストの概要◀
1. テストは個人別に行う。すべての生徒に公平になるように，1つの題をどの生徒にも提示する（テストを終えた生徒とこれから行う生徒が接触しないようにする）。
2. 教師の提示する題について30秒間考える時間を与える。題は生徒にとって身近で，どの生徒にとっても話せる内容のものを考える。「インターナショナル・スクールを訪問して，自己紹介と学校の紹介を行う」というように，実際に起こり得る設定をなるべく考えるとよい。
3. 60秒間でスピーチを行う。

▶テストの実施手順◀
1. テストの内容について説明を行う。

> 　即興スピーチのテストを行います。スピーチの題の書かれてある用紙を渡しますので，それを読んで30秒間でどのようなことを話すか考えてください。先生が Please start. と言ったら，スピーチを始めてください。スピーチ時間は60秒間です。題に適することをできるだけたくさん話してください。テストが終了したら，図書室へ行ってください。スピーチの題は友だちに話さないようにしてください。

2. テストを実施する。
3. その場で評価するか，ビデオカメラで録画し，あとで評価する。

▶カード例◀
（例1）
> あなたは学校の代表で世界中学生会議に参加しました。
> 会議は英語で行われます。
> 自己紹介をしてからあなたの通っている中学校のことについて簡単に紹介してください。

（例2）

あなたはアメリカの学校に短期留学しました。
アメリカの中学生にあなたの住んでいる東京について紹介してください。

▶ 質問例と生徒の発話例（中学2年生の例）◀

（例1）
　Hello. My name is Honda Toshiyuki. I'm studying at Chuei Junior High School. My school is in Koto City. It is a big school. There are 400 students. There is a river in front of the school.

（例2）
　Tokyo is really big. A lot of people live there. There are many tall buildings and cars. The trains and buses are very crowded in the morning and in the evening.

▶ 評価基準と評価例 ◀

次の基準を参考にして，5段階で評価する。

5：課題に対して適切に発話しており，情報量も十分である。また，文法の誤りがほとんどなく，意味が完全に伝わる。

4：課題に対して適切に発話している。情報量もおおむね十分である。文法の誤りが見られるが，意味はおおむね伝わる。

3：課題に対しておおむね適切に発話している。情報量や文法の正しさが十分ではないが，意味はおおむね伝わる。

2：課題に対しておおむね適切に発話している。情報量に乏しい。文法の正しさが十分ではなく，意味が伝わらないところがある。

1：課題に対して適切に発話していない。情報量に乏しく，また，意味が伝わらない。

3 【絵の描写】（絵の説明を行うタイプ）

▶内容◀
教師の示す絵について説明する。また，絵を見ながら，教師の質問に答える。

▶日常の指導◀
　イラストを描写する活動は，現在進行形を指導する際や比較の表現を指導する際によく行われる。教科書でも，描かれてあることを説明する活動はよく取り上げられている。生徒同士をペアにして，一部が異なるイラストを見ながら，異なる部分を言い当てる活動や，ペアのひとりがイラストを説明して，もうひとりが説明の通りにイラストを描いていく活動などを行い，正しく描写する力をつけたい。

▶テストの概要◀
1．テストは個人別に行う。すべての生徒に公平になるように，1つの絵をどの生徒にも使用する（テストを終えた生徒とこれから行う生徒が接触しないようにする）。または，同じような絵を複数用意し，交互に使用することも考えられる。その場合は発話内容の難易度により公平さを欠かないようにする。
2．生徒1人当たりのテスト時間を設定する。絵を見て，指示文を読む時間を30秒間，絵を説明する時間を40秒間とする。
3．電話で家族の様子を知らせるなど，絵を説明する際のシチュエーションを考える。なるべく現実に起こり得る設定にする。
4．イラストにどのような情報を入れるか考える。生徒に発話させたい英文をあらかじめ考え，それに合ったイラストを用意するとよい。

▶テストの実施手順◀
1．テストの内容について説明を行う。

> 　絵を見て説明するテストを行います。カードを渡しますので，それを見て，30秒間で指示文を読み，どのような絵か把握してください。そのあと40秒間でできるだけ詳しく説明してください。先生から絵についての質問をすることもありますので，それにも答えてください。テストが終了したら，図書室へ行ってください。テストの内容は友だちに話さないようにしてください。

2．テストを実施する。
3．その場で評価するか，ビデオカメラで録画し，あとで評価する。

▶カード例◀

　以前，あなたの家でホームステイをしていたアメリカ人のジェーンから，夜に電話がかかってきました。家族の様子を聞かれたので，家族が何をしているか，絵を見てジェーンに説明しなさい。

[あなた以外の家族]

兄のイチロウ　　妹のミキ　　弟のケン　　父親　　母親

[家族がしていること]

▶発話例（中学2年生の例）◀
T: What is Miki doing?
S: She is watching TV.
T: Is Mom home?
S: No, she isn't.

▶評価基準と評価例◀
　5人のそれぞれの人物についての説明を評価する。(3点×5)
　　3点：何をしているのか正しく述べられた。
　　2点：教師からの問いかけに対して正しく述べられた。
　　1点：文法に誤りがあるが，意味は伝わる。
　　0点：意味が伝わらない。または，教師の質問に答えられない。

4 【会話（チャット）】（生徒同士で会話を行うタイプ）

▶内容◀
生徒を3人グループにし，教師の提示するトピックで会話を行わせる。

▶日常の指導◀
いくつかの教科書にチャット（会話を継続する活動）が取り上げられているので，生徒同士で会話をさせる活動を行わせる教師が増えてきている。授業開始時のウォームアップのときに生徒同士のペアやグループで，「週末のこと」「昨日のこと」「好きなテレビ番組」など，生徒がよく話している話題を選んで，継続的にチャットの活動を取り入れたい。コミュニケーションを継続するには，話し手より聞き手の役割が大きい。That's great. のような相づちを打ったり，相手の述べたことに質問をしたりすることで会話が発展・継続していく。話し手と聞き手の双方で協力して会話を継続していくという態度を育てたい。

▶テストの概要◀
1. 生徒を3人1組にして行う。グループ編成は生徒の発話能力や人間関係などを考慮して教師が行うとよい。教師と生徒が会話を行うテストはよく行われているが，中学生同士のほうが気軽に会話ができるようである。ペアではなく3人としたのは，話し相手により発話の量や質が変わってしまうのを防ぐためである。
2. 1グループ当たり3分間で実施する。
3. トピックは教師が提示する。生徒が話しやすいトピックにする。
  （例）夏休み（冬休み）のことについて，スポーツについて，音楽について

▶テストの実施手順◀
1. テストの内容について説明を行う。

> 3人1組でチャットのテストを行います。グループのメンバーと順番はこの表を見てください。先生が示したトピックについて，3人で協力して3分間，会話を継続させてください。テストが終了したら，図書室へ行ってください。テストの内容は友だちに話さないようにしてください。

2. テストを実施する。
3. その場で評価するか，ビデオカメラで録画し，あとで評価する。

▶質問例と生徒の発話例（中学3年生の例）◀
 T: Please talk about your favorite sport.
S1: I like baseball very much. My favorite team is the Giants. How about you, S2?
S2: I like baseball, too. But I don't like the Giants. I like the Tigers.
S3: I'm not interested in baseball. I like playing tennis.
S1: Oh, yes. You are on the tennis team.
S2: I know you are a good tennis player.

S3: Thank you, S2. Why do you like the Tigers?
S2: I'm a big fan of Akahoshi.
S3: I see.

▶**評価基準と評価例**◀

次の観点について5段階で評価する。
1．適切さ（発話や質問を適切に行っているか）
2．正しさ（文法や語句の使用が正しいか）

▶**評価カード例**◀

グループNo.（　）

生徒名	適切さ	正しさ	合計点
	5・4・3・2・1	5・4・3・2・1	
	5・4・3・2・1	5・4・3・2・1	
	5・4・3・2・1	5・4・3・2・1	

メモ

メモ欄には，会話をリードしていた生徒名や，よかった点などを書いたり，あとでアドバイスを行うことなどを記入する。

5 【ロール・プレイ】（与えられた課題を達成するタイプ）

▶内容◀
電話をかけて，タスク・カードに書かれてある課題を達成する。

▶日常の指導◀
　地図を使って目的地までの道順を説明するとか，友だちに電話をかけてパーティーに招待するなど，覚えた表現を自分で考えて使用させる機会を授業で持たせたい。現実の生活に起こり得る場面を設定し，ロール・プレイをさせることにより，相手の反応により臨機応変に英語を使用できるようにさせるための良い練習になる。

▶テストの概要◀
1．どのようなタスクを行わせるか決める。

> ・友だちに電話をかけて映画に誘う。（おもちゃの電話を使う）
> ・行く日（曜日）を決めさせる。
> ・待ち合わせの日時と場所を2人で決めさせる。

2．テストは個人別に行う。話し相手はALTに依頼する。
3．タスク・カード（指示カード）を作成する。短時間で生徒がしっかりと理解できるような情報量にする。また，簡潔に記入する。
4．想定される会話を書き出しておく。

▶テストの実施手順◀
1．テストの内容について説明を行う。

> 　ある役になりきってカードに書かれてある課題を達成するロール・プレイのテストを行います。テストは1人ずつ行います。始めにカードを渡します。カードに達成しなければならない指示が書かれています。30秒間でカードに書かれてある内容をしっかりと把握してください。そのあと90秒間でロール・プレイを行います。話し相手はDavid先生です。これまで習った英語を駆使して，指示を達成してください。テストが終了したら，図書室へ行ってください。テストの内容は友だちに話さないようにしてください。

2．テストを実施する。
3．その場で評価するか，ビデオカメラで録画し，あとで評価する。

▶タスク・カードの例◀

指示カード

1．友だちの David（デイビッド）の家に電話をかける。（おもちゃの電話を使用）
2．相手が出たら，David を電話に出してもらう。
3．David を映画に誘う。
　・今度の土曜日の都合を聞く（土曜日に都合が悪かったら日曜日）。
　・新宿の映画館で，題名は *Star Wars*（スターウォーズ）。
　・映画の始まる時刻は午後 2 時。
　・待ち合わせの場所と時間を決める。
4．待ち合わせの時間や場所を確認して電話を切る。

▶発話例（中学 3 年生の例）◀

T: Hello.
S: This is Masashi. May I speak to David?
T: This is David. Hi, Masashi. How are you?
S: Fine, thank you. Would you like to come to see a movie on Saturday?
T: Sorry, I'm busy on Saturday.
S: How about on Sunday?
T: I'm OK on Sunday. What movie are we going to watch?
S: *Star Wars*.
T: Sounds nice. I want to watch it.
S: Let's meet in front of my house at one.
T: In front of your house at one? OK. See you then.
S: Bye.

▶評価基準と評価例◀

　タスクが適切に達成されたかを評価する。下の項目をそれぞれ 2 点満点で評価する。
1．電話をかけて David を電話口に呼び出す依頼ができる。
2．David を映画に誘う表現ができる。
3．曜日を決めることができる。
4．待ち合わせ場所を決めることができる。
5．待ち合わせ時間を決めることができる。

2 点：適切な表現を用いることができ，タスクを達成できた。
1 点：やや適切さに欠けたり，相手の助けがあったりしたが，タスクを達成できた。
0 点：タスクが達成できなかった。

6 【自作ビデオを使ったインタビュー・テスト】（質問に対して応答するタイプ）

▶内容◀
ビデオの中の ALT からの質問に対して，短時間で適切に応答する。

▶日常の指導◀
　英語での質問の内容を頭の中で日本語に置き換えずに，すぐに英語で応答できるようにするため，時にはペアでのインタビュー活動を短時間に多くの質問をし合う形式で行っている。1 枚に 20 問の質問が印刷されたカードを数枚使い，1 問ずつ交互に質問をさせる。生徒は質問文を考える必要はない。ただ，質問文を適当に選んで相手に尋ねればよい。アイコンタクトに気をつけながら，ストップがかかるまで，交互に質問と応答をくり返す。その成果を見るのが，このテストである。

▶テストの概要◀
1．テストのための質問文を考える。
2．疑問詞を使う文とイエス・ノー・クエスチョンの文を適当に混ぜる。
3．ALT にそれらの質問を言ってもらい，ビデオに録画する。その際，必ずカメラに向かって話しかけさせ，実物を持ったりして，表情豊かに演じてもらう。
4．テストは別室で，1 人ずつ行う。
5．1 人の実施時間は 1 分。質問は 7 秒間隔で 8 問出題する。

▶テストの実施手順◀
1．テストの内容について説明を行う。

> テレビの中の外国人講師の質問に答えるテストです。次々と質問されるので，時間を置かずにすぐ答えて下さい。長い文を無理に言おうとはしなくていいです。1 人につき 8 問の問題が出題されます。

2．1 人ずつ別の部屋に呼ぶ。
3．教師がテレビモニターの横に立ち，英語で名前を尋ねてリラックスさせてから，ビデオの質問を始める。
4．生徒はモニターに向かって答える。
5．教師はその様子を生徒の斜めうしろで見ながら，評価する。

▶質問例と実際の生徒の発話例（中学 1 年生学年末の例）◀
Q 1　ALT: Do you play TV games?
　　　　S: Yes.
Q 2　ALT: What is this?
　　　　S: *Natto*. It's *natto*. I like it.
Q 3　ALT: What season do you like?
　　　　S: Ah, I like season.

Q 4 ALT: Do you like *omochi*?
  S: No, I don't.
Q 5 ALT: Where do you live?
  S: Sumida. I live in Sumida.
Q 6 ALT: Is this an *uchiwa* or a *sensu*?
  S: *Uchiwa*.
Q 7 ALT: When is your birthday?
  S: March 21st.
Q 8 ALT: Do you have any brothers or sisters?
  S: Mmm… I have a….

ALT: All right. / Good job. / See you again.

▶評価基準と評価例◀
　このテストのねらいは，関連のない複数の質問の内容をしっかり聞き取り，それらの質問に短い時間に適切に応答できるかを見ることである。また，合わせて話すことの楽しさも味わわせたい。
１．8問で24点満点のテストである。
２．答え方がショートアンサーであろうとロングアンサーであろうと，尋ねられている内容がわかっている応答であれば，1問につき2点の得点とする。うなずきや首振りだけの場合は1点とする。
３．限られた時間にもかかわらず，答え方が丁寧だったり，2文，3文と続けて話そうとする態度が見られたら1点を加える。

▶評価カードの例◀
※上の受験者の応答を評価した場合

Class (2) Name (Ryo Uematsu)		
Q1 (0　1　②　3)	Q5 (0　1　②　3)	Total (15)
Q2 (0　1　2　③)	Q6 (0　1　②　3)	◎Excellent!! (^^)!
Q3 (0　①　2　3)	Q7 (0　1　②　3)	Good!　　(^o^)
Q4 (0　1　②　3)	Q8 (0　①　2　3)	Go! Go!　(-_-;)

第5章

英語の定期試験作成のポイント

　英語の教師が日常的に作成するテストのほとんどは，特定の授業と深く結びついた到達度テスト（achievement test）であり，その作成に当たっては，留意しなければならないポイントがいくつかある。以下に，観点別・絶対評価のための英語の定期試験の作成方法について，10のポイントを挙げて，順に説明する。現状の定期試験には，様々な問題点が認められるが，コミュニカティブ・テスティングが採用されることで，その多くは解消される可能性がある。

［1］指導目標・到達目標を立てよう

　定期試験などの到達度テストは，本来特定の指導目標への到達を見るものであったが，これまでには必ずしもその目的を果たしていない定期試験も少なくなかった。しかしながら，とりわけ絶対評価のための定期試験に当たっては，指導目標を立てることは必須である。そこでは，ある期間の指導において「～ができるようにする」というような具体的な目標設定が必要なのである。

　では，具体的には，どのような目標設定が必要であろうか。絶対評価のための指導目標の設定といった場合，文法や言語機能，語彙，慣用表現に関する指導目標の設定は比較的容易であろう。それに対して，「理解の能力」や「表現の能力」の評価においては，「英文を正確に読み取る」や「正確な英文を書く」などという漠然とした目標設定になっていたりする。しかしながら，これではどの課を指導しても同じ目標が立ってしまう。実際には，中学の教科書は基本的に文法シラバスで構成されているために，もう少し言語よりの記述が必要であろう。また，高校のリーディングなどでは，当該技能のサブ・スキルに基づく目標設定なども必要となってくるかもしれない。

　指導目標が立ったら，今度は到達目標を立てる必要がある。到達目標とは，指導目標のどこまでが到達していればよしとするかの記述である。例えば，on, above, under, below などの前置詞の使い分けについて，どのくらいできていれば目標に到達したと判断するのか，という判断基準である。テストによる絶対評価の場合は，到達目標は，指導目標に対応するそれぞれの大問ごとの正答率をもって定義することになるので，実際にはこの線引きのための点数の決定が到達目標の設定となる。

　しかしながら，その基準の決定は恣意的である。例えば，基準を5割とするのか，6割とするのかなどは，教師自身が決めたり，学校で統一の基準があったりする。観点別・絶対評価にテストを用いた場合には，この基準に合うようにテストが作られて

いなければならない。実際，基準の「線引き」の作業は，テストの難易度とも絡んで，かなり厄介な作業である。たとえ同じ実力・同じ「線引き」であっても，テストが易しければ基準に到達しやすくなるし，テストが難しければ基準に到達しにくくなる。また，True or False で理解を問うような問題であれば，「鉛筆を転がしても」5 割は正解することになっているわけであるから，このような問題の線引きでは，60 や 70 パーセント以上などとしなければ，意味がない。いくら良いテストを作ってきても，この「線引き」のさじ加減 1 つで，結果は大きく異なってきてしまう。この線引きには，絶対的な方法はないかもしれないが，一度決めた基準であっても，恒常的な検証は必要であろう。

[2] まず設計図を作ろう

　まず，「もの作り」の一般的な手順を考えてみよう。作ろうとするもののコンセプト形成から始まり，それを具現化するための設計図の作成を行う。そして，場合によっては，それをもとに試作品が作られ，最終的なプロダクトに至る。家作りにしても，車作りにしても，こうしたプロセスをたどり，ものが作られていく。いい「もの作り」のために，とりわけ重要なのが設計図の作成である。家であれば，設計図もなしに，窓を作り始めたりすることはないし，車であれば，設計図もなしに，ドアを作り始めたりすることはない。

　ところが，これがテスト作りとなると「設計図」を作らない人たちがあまりにも多い。テスト作りでは，多くの人が，いきなり問題を書き始めているのである。どんな全体像のテストとなるのかもわからずに，個々のテスト項目を作成している。こうして作られるテストは「英語力」をただ漠然と測っているだけであり，その結果から，生徒についての意味のある情報を得ることは難しい。

　言語テストの場合は，全体像を描いた「設計図」のことをテスト・デザイン（test design）と呼び，そのパーツの詳細についての取り決めを書いたものをテスト細目（test specifications）という。ここにはおよそ以下のような事柄が含まれることになる。

・評価計画に沿ったテストの役割についての記述
　→「話すこと」の「コミュニケーションの工夫」は授業中の観察に基づくが，「読むこと」「聞くこと」の「理解の正確さ」はテストによる，など。

・そのテストで測ろうとする能力や知識のリスト作成
　→「受動態」を含む文を聞いて理解する能力，「be 動詞の現在形 am, is, are を区別する能力」など。

・それぞれの能力や知識をどのような方法で測るかについての記述
　→「be 動詞の現在形 am, is, are を区別する能力」は，多肢選択式問題によって測る，など。

・リーディングやリスニングでは，どのようなテキストやスクリプトを用いるかについての記述

→「手紙」「インタビュー」「スピーチ」など。

・それぞれの大問に必要な小問の数の決定
・それぞれの大問の重みづけ（配点）
・それぞれの小問の重みづけ（配点）
　　→以下は「平成17年度都中英研英語コミュニケーションテスト3年生」のテスト・デザインを示す。

	問題タイプ	小問数	小問の配点	大問の配点
①	【V：語彙力】（言語の知識・理解）	5	2	10
②	【L：聞く力】（理解の能力）	5	2	10
③	【L：聞く力】（理解の能力）	5	2	10
④	【V：語彙力】（言語の知識・理解）	5	2	10
⑤	【G：文法力】（言語の知識・理解）	5	2	10
⑥	【G：文法力】（言語の知識・理解）	5	2	10
⑦	【W：書く力】（表現の能力）	4	2	8
⑧	【W：書く力】（表現の能力）	3	4	12
⑨	【R：読む力】（理解の能力）	10	2	20

・採点基準の決定
　　→これについては，「平成17年度都中英研英語コミュニケーションテスト3年生の7・8番（105 ～ 108ページ）の採点基準を参照。

　定期試験などでも，少なくともこのようなことを決めずに，実際の問題作成に入るべきではないと考える。これが熟達度テスト（proficiency test）ともなれば，これ以外にも，使える単語や文法項目・言語機能などのリストも確定しておく必要がある。
　このような「設計図」を作ることで，テスト作成者は，自分の指導の中で何が重要で，それをどの程度まで身につけていることを生徒に期待しているのかを考えることになる。明確な「設計図」があれば，何の能力（または，知識）を測ろうとしているのかわからないような問題はなくなるはずである。

[3] 大問ごとに問題のタイトルを付けてみよう

　これまでに英語の定期試験を見てきた経験では，テスティング・ポイントが明確でないテストがきわめて多い。つまり，どのような能力や知識をそのテスト項目で測定しようとしているのかが見えてこない問題が多いということである。このようなテストは，とりわけ観点別・絶対評価においては，致命的な問題点を抱えているということができる。絶対評価では，それぞれの指導目標について，到達基準に達しているかいないかを判断しなければならないため，そのテストにおいて，それぞれの大問が何の能力や知識を測定しているかが明らかになっていなければならない。これを確実にするひとつの方法として，大問ごとにタイトルを付けるという方法を提唱している。

これにより，教師はテスティング・ポイントを明確にせざるを得ないだけでなく，生徒に対してもどのような能力を測定しようとしているのかが明らかになる。ただし，このタイトルとしては，「筆記問題」「空所補充問題」などの問題タイプを表すタイトルではなく，「動詞の過去形・現在形の区別」や「受動態の文の理解」などのテスティング・ポイントを表すタイトルでなければ意味がない。

[4] 解答の正誤に，タイトルに掲げた能力がかかわっているか確認しよう

　定期試験の作成に際して，大問ごとのタイトルを掲げることの重要性を述べた。ただ，タイトルを掲げれば，おのずとその能力を測ることになるというわけではない。例えば，「受動態を含む文の聞き取り」というタイトルを掲げて，以下のような問題を作ったとしよう。

> 外国人講師のジムに，美紀が日本のある物を説明します。英語を聞いて，次の中から選びなさい。
>
> 　　こたつ，年賀状，たなばた，おはし，ちゃわん，はごいた

【Script】
(1) This is one of the festivals on the seventh of July in Japan. On that day pieces of bamboo are put up in the garden. If we write our wish on a piece of paper and put it on the tree, the wish may come true.
(2) This is used in winter. We put our legs under it. It can keep us warm. When I put my legs under it, I usually watch TV, eat some oranges and talk with my family.
(3) This is used when we eat Japanese food. We put rice or miso soup in it. And we eat them with chopsticks. When you use it, you have to hold it in front of you. This is the manner of eating.
(4) This was used in a game. We played with it at the beginning of January. It looked a little like badminton. Last year I bought it in Asakusa and a picture of a beautiful woman was painted on it. Now I put it on the wall in my room.

　これらは，確かに「受動態を含む文の聞き取り」にはなっている。しかしながら，実際の解答に当たっては，スクリプト中のキーワードの聞き取りだけで正解を得ることができてしまう。したがって，厳密にいえば，このような問題からは，「受動態を含む文の聞き取り」が本当にできているのかは見えてこないだろう。問題のタイトルを掲げたならば，その問題解答のプロセスをシミュレーションし，本当にそのタイトルに掲げた能力が解答にかかわっているのかを検証する必要がある。

[5] ごった煮問題，特に総合問題はやめよう

　観点別・絶対評価にあっては，ある到達目標に照らして，個人がその目標に到達しているかどうかを見ることになっている。したがって，何の能力（または，知識）を

測っているのかわからないようなテスト問題は，観点別・絶対評価にあっては，利用のしようがない。この意味で，観点別・絶対評価になってまず，その存在意義がなくなるはずであったのが，いわゆる「総合問題」であるが，この「総合問題」は定期試験からいまだに消え去ってはいない。ご存じの通り，「総合問題」では，あるまとまった英語の文章が提示され，その中にある単語の発音を問うたり，単語の意味を問うたり，文法知識を問うたり，文章の内容を問うたりしている。このように，「総合問題」にはばらばらのテスティング・ポイントが含まれているために，その結果の持つ意味を解釈することは難しく，その得点は，観点別・絶対評価の枠組みでは行き場を失うのである。また，仮にその総合問題のサブカテゴリーをもとにデータを作成したにしても，それぞれは項目数が極端に少なく，信頼に足るものとはならないだろう。

　さらに，この総合問題の波及効果も問題である。総合問題に備えさせる中で，いわば「特殊な」言語処理プロセスを英語学習者に課すことになってしまう。このようなバラバラな言語知識を実際に言語使用の中で求められることはまずない。また，この総合問題は，「英語」ができるとはあのような断片的な知識を問う問題を解くことができることだと，多くの学習者に思い込ませてしまっているのである。これらの点からも，「総合問題」を採用しなければならない積極的な理由は見つからない。

　往々にして，この「総合問題」の得点は，観点別・絶対評価における「理解の能力」として扱われていることがあるが，その中身を見れば，「理解の能力」を測っているわけではないということは明らかである。とりわけ定期試験における「総合問題」では，文章の内容理解を問う問題の比率は意外と少ないのである。

　どういった能力や知識を測っているかが明確になっていなければならないのは，実は「文法問題」でも同じである。一般に，「文法問題」は，「総合問題」とは異なり，1つの大問の中に様々な要素がごちゃ混ぜになっているようには見えない。それは，「文法問題」は，それぞれの大問における問題形式がたいてい統一されているからである（例えば，「空所補充問題」「並べ換え問題」「適語選択問題」という具合である）。しかし，それが実はくせ者である。「問題形式」が統一されているからといって，「テスティング・ポイント」が統一されているわけではないのである。例えば，すべてのテスト項目が適語選択問題であっても，動詞の時制を問う問題が入っていたり，前置詞を選ぶ問題が入っていたり，単語や熟語の知識を問う問題が入っていたりすれば，この大問の結果からは，受験者に何ができて何ができていないのかは見えてこない。また，同じ並べ換え問題でも，問題の作り方によっては，「第5文型の理解」だったり，「後置修飾の理解」だったりと，様々な異なる能力を試している場合がある。となれば，こうした大問の出来から，生徒の文法知識を診断することはできないだろう。この種の文法問題を実施したとすると，そこから導き出される診断コメントは，例えば「空所を補充する能力がある」とか，「正しい語を選ぶ能力がある」などとなってしまい，およそ英語の指導目標からはかけ離れてしまう。定期試験における「文法問題」では，「問題形式」をそろえるだけでなく，それぞれの大問で，文法のどのような知識を測りたいのかを明確に意識する必要がある。

[6] 十分な問題数を確保しよう

　従来の定期試験では，総合点をもとに評定を出すケースが多かったのではないか。

こうしたケースでは，定期試験が30問ほどのテスト項目から構成されていたとすると，この30問の解答結果をもとに評定を導いていた。それに対して，同じような問題構成のテストを用いて，観点別・絶対評価を行うために，仮に「コミュニケーションへの関心・意欲・態度」以外の3つの観点をこのテストで見ようとすると，それぞれの観点に使える項目数は平均で10項目ということになる。一般に，テストの信頼性は問題の項目数が多ければ多いほど高くなるから，10項目で同じような信頼性を達成するには，よほど精度の高いテスト項目から構成しておく必要がある。また，それと同時にテストで見ようとする観点を絞った上で，それぞれの観点ごとの項目数をなんとかして増やす工夫をする必要がある。

また，観点別・絶対評価では，教室内活動の観察が強調される傾向にあるが，この観察は，よほどシステマチックに行わない限り，信頼性の点では，テストに及ばないということは認識しておく必要があろう。「コミュニケーションへの関心・意欲・態度」について観察で行う場合に，活動に参加していなければC，参加していればBというような基準で評価するのであれば，参加していない生徒だけをチェックしても，ある意味で全員の到達度を見ることにはなるかもしれない。しかし，表現の能力の評価として，ペアワークなどで生徒が話しているのを観察するとなると，せいぜい数組のペアワークをわずかの時間「見る（基準に達しているかを判断する）」くらいであろう。このような観察に高い信頼性が期待できないのは，明らかである。また，1回で観察できる人数が限られているために，観察対象となっている活動が異なることも信頼性に大きな影響を与えることになる。ましてや，「理解の能力」の評価を観察によることは，もっと難しい。

[7] 直接テストできるものがないか点検しよう

言語テストの中には，発表技能であるにもかかわらず，実際のパフォーマンスを行わせずに，客観テストなどによりその能力を見ようとするものがある。こうしたテストを「間接的テスト」という。例えば，「紙と鉛筆による発音問題」は，受験者に実際に発音させていないという意味において「間接的」であるし，客観テストによるライティング力の測定も，実際に英文を書かせていないという意味において「間接的」である。このようなテストは，水泳やサッカーなどの運動技能の評価を紙のテストで行うことと同様に，技能の評価としては意味がない。実際，これまでの研究結果から，紙と鉛筆による発音問題などの「間接的テスト」と実際のパフォーマンスとの関係は低いといわれている。したがって，発表技能の測定はできるだけ直接的測定を心がけるべきである。こうすることで，テストの妥当性を高めることができる。

[8] 読解問題では，問題同士の依存がないか確認しよう

読解問題では，1つの文章に複数の問題が「ぶら下がっている」ことが多い。このことから生じる1つの問題が，問題同士の依存である。例えば，1つの文章に4問ほどぶら下がっているとすると，1番に「太郎は京都に行きましたか」とあると，4番に「太郎は京都で何を見ましたか」とあったりする。おそらく「太郎は京都に行った」のであろう。とりわけ，あまり長くもない文章にいくつもの問題をぶら下げようとすると

きには，このような依存が起こりがちなので，設問をよく見て，問題同士の依存の有無を確認することが必要である。

1つの文章に複数の問題がぶら下がっているような問題は，読解問題としては当たり前に思われるかもしれないが，韓国の修学能力試験などを見れば，必ずしもそうなる必然性のないことがわかる。韓国の修学能力試験の読解問題では，短い1つの文章に明確な読みの技能を意識した問題が1つ付いているだけである。こうした問題であれば，問題間の依存は起こらない。また，それゆえ，明確なテスティング・ポイントをもって作られるという効果もある。

[9] 理解力を問う問題は，テキストなしで解答できないか確認しよう

リーディングやリスニングのような理解力を問うテストでは，テキストなしで解答できる問題となっていないか確認することが重要である。これらのテスト問題の中には，文章を読まなくても，あるいは，聞かなくても，正解を得られてしまう問題がある。その1つは，「常識」や「予備知識」で答えられてしまう問題である。とりわけ「事実」を扱った文章を用いる場合は，注意が必要であろう。例えば，次の選択肢は，ある読解問題の正誤判定問題であるが，これらは，スペース・シャトルについてある程度知っていれば，解答できてしまう。

ア．The Columbia has a set of wings.
イ．The Columbia can fly like an airplane but it can't land.
ウ．The Columbia can be used about ten times only.
エ．The Columbia carries only people into space.
オ．Space travel will be inexpensive by using the Columbia.

（若林・根岸 1993）

また，多肢選択問題では，選択肢の中に「正解／誤答くさい」言い回しがないか確認する必要もある。「正解／誤答くさい」言い回しを含んだ選択肢とは，sometimes, never, only, always, all, some などの単語を含んだ選択肢のことである。断定的な never, only, always, all などの語句を含んだ選択肢は，内容に合わない選択肢であることが多いし，sometimes や some などの語句を含んでいる選択肢は，内容に合っていることが多い。おそらく，内容に合わない選択肢にするには，断定的な表現になる傾向があるし，内容に合った選択肢にするには，慎重な物言いになる傾向があるからであろう。こうしたことに対する感覚は誰もが持っているわけではないが，このような感覚の有無は英語力とは関係ないものである。もし選択肢がこうしたものになっていた場合は，修正が必要である。

[10] 問題の最終チェックをしよう

最後に，問題ができあがったところで，いくつかの「見た目のチェック」を行うとよい。まず，多肢選択式問題では，選択肢の長さを確認する必要がある。選択肢の長さはほぼそろえるのが原則である。最も長い選択肢は，正解の選択肢である可能性が

高いといわれている。また，選択肢の位置の確認も重要である。問題作成者には，正解の選択肢の「置き癖」というものがあり，自分の癖をある程度認識しておく必要がある。4択の多肢選択問題であれば，正解の位置をランダムに割り振り，それぞれの比率を4分の1とするというのは，ひとつの目安である。ただし，リスニングの応答問題などでは，選択肢の順番を変えるだけで，難易度がかなり変わったりすることがあるので，位置を変更する場合は，注意が必要である。

次に，以下の問題を見てみよう。

  I enjoy (   ) the children playing in the park.
   A. looking to B. looking at C. looking about D. looking on

I enjoy (   ) the children playing in the park. の部分を stem と呼び，A～D を選択肢というが，この選択肢には，looking という語が共通して入っている。このような多肢選択式問題では，looking を4度も受験者に読ませていることになる。こうした問題は，

  I enjoy looking (   ) the children playing in the park.
   A. to   B. at   C. about   D. on

というように書き直すことが通常奨励されている。こうすることで，この問題のテスティング・ポイントも明確になる。

第6章
都中英研英語コミュニケーションテストの分析結果

　本章では，都中英研の1つのテスト・セットとその分析結果を紹介する。都中英研では，テスト実施・採点後に株式会社教育測定研究所にお願いして，テスト結果の統計的分析を行っている。大規模なテストでは，実施後にそのテスト結果をこのような統計的分析にかけるのが一般的である。テストの統計的分析には，様々な手法があるが，ここでは教育測定研究所が行っているすべての分析を紹介する。ただし，近年大規模テストでは一般化してきている項目応答理論による分析は含まれていない。

　「A　平成17年度都中英研英語コミュニケーションテスト　3年生」では，1学年分のテスト・セットすべてを載せている。これが都中英研のテストの全体像である。それに続く「B　テスト統計用語解説および分析結果」，「C　テスト分析結果解説」までが例年報告書に載せている部分である。なお，「C　テスト分析結果解説」は，教育測定研究所の分析に基づき，根岸が概要を平易に解説している部分である。

　以下のような分析を行うことで，問題作成者は，テスト問題を見ただけでは気がつかない問題点に気づくことができる。結果によっては，問題点のあるテスト項目は，その後そのテスト項目を使用する場合は改善するか，さもなければ，別の問題に差し替えることになる。また，問題のある項目を分析してみることで，どのようなテスト項目が問題を引き起こす傾向があるのかを知り，その後のテスト作成に生かすことができる。「D　過去の項目分析例（こういうテスト項目は問題だ―項目分析の結果から）」は，過去の問題の中から，統計分析結果上問題のある項目を取り上げて，その原因を探っている。網羅的でもなく，その結果の解釈も絶対的なものではないが，今後の問題作りの参考にしていただければ幸いである。

A 平成17年度都中英研英語コミュニケーションテスト 3年生

平成17年度東京都中学校英語教育研究会
英語コミュニケーションテスト
3年生

注意
1．答えはすべて決められた方法で，解答用紙（マークシート）に記入してください。
2．解答にはＨＢの黒鉛筆（シャープペンシルも可）を使用し，正確に答えの番号をマークしてください。解答を訂正する場合には，消しゴムで完全に消してください。
3．英文を書くときには，大文字，小文字の区別など，文字をはっきり，わかりやすく書いてください。
4．解答用紙は絶対に汚したり，折り曲げたり，所定以外のところへ記入したりしないでください。
5．解答用紙の個人名の欄には，カナで氏名を記入する欄と，漢字で氏名を記入する欄があります。

個人名	
氏 （カナ）	チュウエイ
名 （カナ）	ケン
漢字氏名	中英　研

6．はじめに放送によるテスト（問題①から③）があります。

1 【V：語彙力】（言語の知識・理解）

今から流す英文は，それぞれどの絵について言っているのでしょうか。①〜④の中から1つ選び，その番号を答えなさい。英文はそれぞれ2回読まれます。

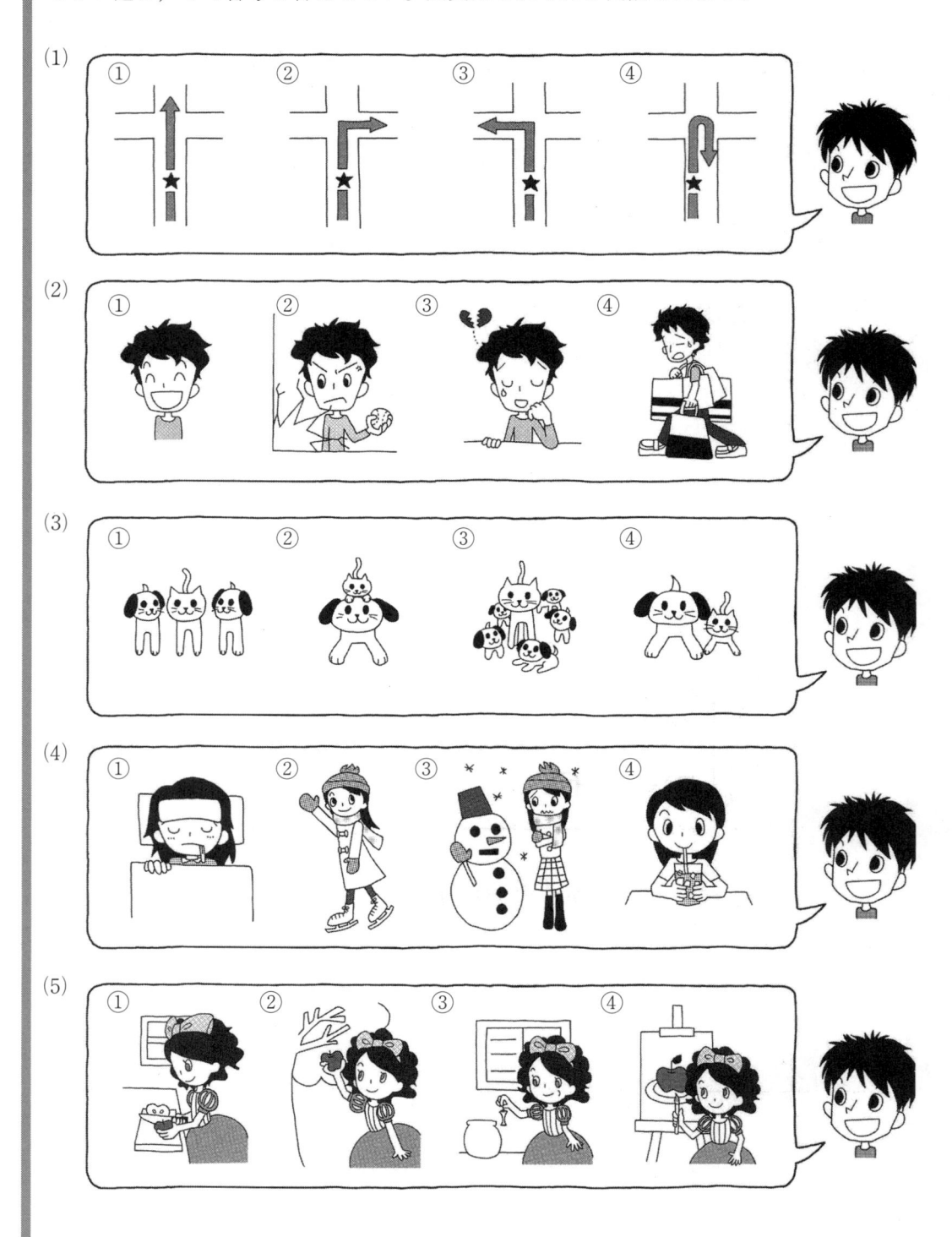

(1)

(2)

(3)

(4)

(5)

2 【L：聞く力】（理解の能力）

　晴美さんはニュージーランドにホームステイをしています。休日を利用してホストファミリーと1泊2日のバス旅行に出かけることになりました。観光バスのバスガイドのアナウンスを聞き，それぞれ正しいものを①〜④の中から1つ選び，その番号を答えなさい。英文はそれぞれ2回読まれます。

(1) バスの中で
　　① 飲食は禁止
　　② 冷房の温度は一定
　　③ 飲み物や食べ物のサービスがある
　　④ 窓を開けない

(2) キーウイは
　　① 空を飛べる
　　② 昼に活動する
　　③ 夜に活動する
　　④ ふだんよく見られる

(3) 今日の昼食は
　　① フルーツ付きである
　　② 新鮮な魚介類である
　　③ メニューを見て選べる
　　④ バス内で食べる

(4) ホテルへの到着予定時刻は
　　① 午後3時45分
　　② 午後3時50分
　　③ 午後4時00分
　　④ 午後4時35分

(5) 明日の9時に
　　① ロビーに集合する
　　② バスが出発する
　　③ ダンスの劇場に着く
　　④ ダンスショーが始まる

3 【L：聞く力】（理解の能力）

あなたは今，アメリカの友人ビリーの家にホームステイをし，ビリーの通う中学校にも体験入学しています。それぞれの状況での放送を聞き，質問に答えなさい。英文は1回しか放送されません。

(1) 体験入学した学校の帰りのホームルームでの先生のお話です。先生が伝えたいことを①～④の中から1つ選び，その番号を答えなさい。

　　① 騒がしい生徒に対する注意
　　② 次回の授業の予告
　　③ 申し込み者への保護者のサイン
　　④ 保護者の見学

(2) ビリーのお母さんが夕食の準備をしているところへお父さんから電話がかかってきました。電話に出たお母さんの声だけが聞こえます。お父さんの用件は何でしょうか。①～④の中から1つ選び，その番号を答えなさい。

　　① ドッグフードを買っていく。
　　② テレビ番組を録画してほしい。
　　③ チャンネル5を見なさい。
　　④ ビデオデッキを買って帰る。

(3) 体験入学した学校で，日本へ行ったことのある先生から話しかけられました。その先生はある日本料理のことを話していますが，料理名を忘れたようです。先生は何の料理のことを話しているのでしょうか。①～④の中から1つ選び，その番号を答えなさい。

　　① 茶わんむし
　　② なっとう
　　③ 焼き鳥
　　④ 湯どうふ

(4) 夕食時のビリーとお母さんの会話を聞いて，その会話の内容を①～④の中から1つ選び，その番号を答えなさい。

　　ビリーの理科の ｛① 成績が良かったこと／② 勉強時間不足／③ 先生がほめてくれたこと／④ 成績があまりよくなかった理由｝ について。

(5) この問題は4種類の英文を聞いて，その中から正しいものを1つ選ぶ問題です。

あなたは，明日ピクニックに行く予定です。明日の天気が心配でラジオをつけ，チャンネルを合わせると，次の4つの放送が聞こえてきました。明日の天気の情報を聞くには，何番目の放送を聞けばよいでしょうか。その番号を答えなさい。英文は1回しか放送されません。

① 1番目の放送　　② 2番目の放送　　③ 3番目の放送　　④ 4番目の放送

4 【Ⅴ：語彙力】（言語の知識・理解）

次の英文の（　）内に入る語として，最も適するものを①～④の中から1つ選び，番号で答えなさい。

(1) We have four (　　) in Japan, spring, summer, fall and winter.

　　① colors　② seasons　③ subjects　④ sports

(2) I heard they had heavy rain in Niigata.
　 I (　　) everyone will be OK.

　　① become　② carry　③ bring　④ hope

(3) My mother bought a red jacket and a blue jacket yesterday. They are very (　　) in color.

　　① different　② important　③ difficult　④ easy

(4) The young man is walking (　　) a big bag.

　　① with　② of　③ in　④ for

(5) We'll go on a picnic this weekend, but we'll stay home (　　) it rains.

　　① so　② if　③ because　④ or

5 【G：文法力】（言語の知識・理解）

次の（ ）の中の語句を対話が成り立つように並びかえたとき，正しい順番で並んでいるものをそれぞれ①〜④の中から1つ選び，番号で答えなさい。文頭にくる語も小文字で示してあります。

(1)
A: What's this sign?
B:（ア seen　イ on　ウ it　エ is）the train. Only women can get on the train.

①ウ－イ－エ－ア　　②ウ－エ－ア－イ　　③エ－イ－ウ－ア　　④エ－ウ－ア－イ

(2)
A: How was Kevin's birthday party?
B: It was great. Many people were there. I（ア talking　イ them　ウ with　エ enjoyed）.

①ア－イ－エ－ウ　　②ア－エ－ウ－イ　　③エ－ア－ウ－イ　　④エ－イ－ウ－ア

(3)
A: What's his name?
B: His name is Robert. But（ア call　イ him　ウ Bob　エ we）.

①ア－イ－エ－ウ　　②ア－エ－ウ－イ　　③エ－ア－イ－ウ　　④エ－ア－ウ－イ

(4)
A: Yesterday was your birthday. Right?
B: Yeah.（ア my father　イ me　ウ gave　エ a bike）.

①ア－ウ－イ－エ　　②ア－ウ－エ－イ　　③エ－ウ－ア－イ　　④エ－ウ－イ－ア

(5)
A: What would you like?
B: I（ア cold　イ want　ウ to　エ something）drink.

①イ－エ－ウ－ア　　②イ－ア－エ－ウ　　③イ－ウ－エ－ア　　④イ－エ－ア－ウ

6 【G：文法力】（言語の知識・理解）

次の絵の1～5の吹き出しに入る英文として最も適するものを①～④の中から1つ選び，番号で答えなさい。

(1) Teacher: { ① Were you playing / ② Are you playing / ③ Do you play / ④ Will you play } with that?

(2) Tom: Yes. I { ① do / ② will do / ③ have just done / ④ was doing } my homework.

(Let's go to play tennis.)

(3) What { ① will you look / ② do you look / ③ are you looking / ④ did you look } for?

(4) Who { ① will break / ② breaks / ③ broke / ④ was breaking } this pot?

(5) I { ① will do / ② am doing / ③ did / ④ was doing } my best.

7 【W：書く力】（表現の能力）

あなたは，学校のホームページの英語版を作成する手伝いを依頼されました。下のメモにある4つの内容を参考に(1)〜(4)に当てはまる英文を答えなさい。ただし，（ ）に指示された英語を変えずに使いなさい。

〈メモ〉

(1) 1983年に建てられた（built）
(2) 市内で一番新しい学校（newest）
(3) 大きな公園の近く（near）
(4) 20年間ずっと公園を清掃している（cleaned）

〈英語版〉

Welcome to Nishi Junior High School

History　Nishi Junior High School ＿＿＿＿＿(1)＿＿＿＿＿．
　　　　It is ＿＿＿＿(2)＿＿＿＿．

Place　　It ＿＿＿＿(3)＿＿＿＿ a large park.

Activity　The students ＿＿＿＿(4)＿＿＿＿．

8 【W：書く力】（表現の能力）

あなたは外国の友人 Mike に旅行先から絵はがきを送ることにしました。自分で旅行先を決め，場所を書き，旅先での経験やその場所について相手に伝えたいことを3文で書きなさい。

August 1, 2005

Dear Mike,

I'm in （あなたの旅行先） now.

_____

_____

_____

I hope you are having a good summer too. Goodbye for now.

（あなたのサイン）

Mike Smith

234 West Street,
L.A. California, 92807
USA

9 【R：読む力】（理解の能力）

1．直美はアメリカからホームステイにやって来たJudyにおみやげを2つもらいました。次のAとBの英文を読んでそれぞれの問いに対する答えを①～④の中から1つ選び，番号で答えなさい。

A

Fruit Fantasy Variety Pack

Place bag in cup or warmed pot and add hot water.

Leave for 5 minutes to bring out the full flavor.

Add honey or sugar to taste.

Delicious hot or iced.

Keep in a cool dry place.

*add：加える

(1) Aのおみやげは何でしょう。

① はちみつ
② 紅茶
③ 砂糖
④ アイスクリーム

(2) Aのおみやげはどこに保存しておくのがいいでしょう。

① 高温で湿ったところ
② 高温で乾燥したところ
③ 涼しくて乾燥したところ
④ 涼しくて湿ったところ

B

CHICKEN NOODLE SOUP

QUICK MEAL IN 5 MINUTES

A quick and simple meal that's fun to eat! Have a delicious bowl of the American favorite chicken noodle soup. Break an egg into the hot water. It will be even more delicious.

You're sure to smile!

(3) Bの英文が説明していることは何でしょう。

チキンヌードルの　① 年間消費量
　　　　　　　　② おいしい食べ方
　　　　　　　　③ 会社の説明
　　　　　　　　④ さまざまな味

2．英単語の学習用に購入した JOY PAD という機器の使用説明書を読んで，それぞれの問いに対する答えを①～④の中から1つ選び，番号で答えなさい。

JOY PAD

Let's have fun learning English!

There are three colored buttons on the pad. If you push the red button, the JOY PAD will read the work. If you push the green button and say the word into the tiny hole, it will record your voice. When you want to hear the words, push the blue button, and you will hear your recorded voice. Push the red and blue buttons at the same time, and you can listen to every word on the page.

*record 録音する

(1) 青いボタンを押したときにできることは何ですか。

① 単語を読み上げてくれる
② 読んだ単語を録音することができる
③ 録音した語を聞くことができる
④ 正しく発音できるまで繰り返して読み上げる

(2) そのページのすべての単語を聞きたいときは，どのように操作したらよいですか。

① 赤いボタンを押す
② 緑のボタンを押す
③ 赤と緑のボタンを同時に押す
④ 赤と青のボタンを同時に押す

3．次のメールを読んで，それぞれの問いに対する答えを①〜④の中から1つ選び，番号で答えなさい。

> Hi, Tom.
> Thanks for coming to the party last Sunday. My parents and I were really glad to see you, and they really liked the present that you gave them. （ア） Remember we were talking about hiking this weekend? We are going to Smith Rock this Saturday. We'll be glad if you can come with us. Please call me by Friday, and we can talk more about it.
> Have a nice day!
> Mary

(1) トムはこのメールを読んで何をしますか。

　①メアリーのパーティーへ行く　　②メアリーの両親にプレゼントを買う
　③メアリーに電話をする　　　　　④メアリーにメールを送る

(2) 文中の（ア）の内容に合った絵文字を入れる場合はどれが適切ですか。

　①(^▽^)　　②(´∧`)　　③(T_T)　　④(`∧´)

4．あなたが外国人講師の先生にスピーチの原稿を提出したときに，次の1文が抜けてしまいました。

　　　　　But I started getting many e-mails very late at night.

この文は，どの部分に入れるのが最も適当ですか。①〜④の中から1つ選び，番号で答えなさい。

> Cellular Phone（携帯電話）
>
> Cellular phones are very useful. There are some good points and some bad points. ① For example, I think that it is easy to call my family. ② I also get e-mails more often after I got my phone. ③ So I cannot sleep well. ④
> We should think about the right way of using it.

5．次の文は，慶太の日記です。文中の下線部(1)(2)の it が指している内容はどれが最も適当ですか。①〜④の中から１つ選び，番号で答えなさい。

> Tuesday, May 3, Sunny
>   I have been at my grandfather's house in Niigata since May 1.
>   This morning, my uncle took me to the river to go fishing. Pochi, his dog, was with us. We couldn't catch any fish, but we really enjoyed (1) it. After we ate lunch, we went to my grandfather's rice field.
>   When I got to the rice field, my grandfather was planting rice. His rice is really good. I wanted to help him, so I went into the rice field. It was very exciting.
>   I planted some rice. (2) It was difficult. But I had a very good time. I want to do it again.

*rice field：田んぼ

(1)　① 犬の世話をすること　　　　② 犬と遊ぶこと
　　③ 釣りをすること　　　　　　④ お弁当を食べること

(2)　① おいしいお米を作ること　　② 苗を育てること
　　③ 田んぼに入ること　　　　　④ 田植えをすること

【リスニング録音原稿】

1

今から流す英文は，それぞれどの絵について言っているのでしょうか。①から④の中から1つ選び，その番号を答えなさい。問題は5題あります。英文はそれぞれ2回読まれます。

No. 1　Turn left.（×2）
No. 2　He looks tired.（×2）
No. 3　My cat is between the dogs.（×2）
No. 4　She has a cold.（×2）
No. 5　She has just eaten an apple.（×2）

2

晴美さんはニュージーランドにホームステイをしています。休日を利用してホストファミリーと1泊2日のバス旅行に出かけることになりました。観光バスのバスガイドのアナウンスを聞き，それぞれ正しいものを①から④の中から1つ選び，その番号を答えなさい。問題は5題あります。英文はそれぞれ2回読まれます。

(1) I'd like to tell you the rules on this bus. You can eat and drink in the bus. If the air conditioner is too strong, please tell me. However, please do not open the windows. Thank you for your attention.（×2）

(2) This bus will go to the Wellington zoo. We have a famous bird of New Zealand there, the "kiwi". The kiwi has short wings, but it can't fly. It's a night bird, so it usually sleeps in the daytime. I hope you can see it.（×2）

(3) The morning tour is over. It is lunchtime now. Today, we will have a gorgeous lunch of beef steak and the dessert will be fresh New Zealand fruit. The restaurant is over there.（×2）

(4) We'll go to Wellington hotel next. It is 3:45 p.m. now. We will arrive in 15 minutes. Information about the hotel will be given after checking in.（×2）

(5) We are going to see a Maori dance show at the National Theater tomorrow. It will start at 9:30. Please come to the lobby at 8:30. We'll leave the hotel at 8:40. It will take about 20 minutes from the hotel to the theater. OK? See you tomorrow.（×2）

3

あなたは今，アメリカの友人ビリーの家にホームステイをし，ビリーの通う中学校にも体験入学しています。それぞれの状況での放送を聞き，質問に答えなさい。英文は1回しか放送されません。

(1) ⑲⑳

体験入学した学校の帰りのホームルームでの先生のお話です。先生が伝えたいことを①から④の中から１つ選び，その番号を答えなさい。

OK, kids. Listen up!
　Next week, ur…we are going on a class field trip to um…Nittan Car Factory. We are…John and Tom! Be quiet…OK, good, ur, we are going to see how they make cars. Well…please take this sheet of paper home. We need a parent to sign it. OK?

(2) ㉑㉒

ビリーのお母さんが夕食の準備をしているところへお父さんから電話がかかってきました。電話に出たお母さんの声だけが聞こえます。お父さんの用件は何でしょうか。①から④の中から１つ選び，その番号を答えなさい。

(Rrrrrrr.)
　Hello. Hi, darling. Oh dear! What? TV program? Wait a minute. Let me write it down. What TV program? Drama, *Dog in the Town*? What channel? Channel 5 at 7:30? OK. *Dog in the Town*. Channel 5 at 7:30. Right? I'll record it on video. No problem. OK, see you.

(3) ㉓㉔

体験入学した学校で，日本へ行ったことのある先生から話しかけられました。その先生はある日本料理のことを話していますが，料理名を忘れたようです。先生は何の料理のことを話しているのでしょうか。①から④の中から１つ選び，その番号を答えなさい。

Oh yes! I visited Japan three years ago. I like Japan. Um…then my Japanese friend took me to a good restaurant. Then, I had a…um, I forgot its name…umm…it's in a cup. It looked like custard pudding but it was hot. My friend said that it is made from eggs. And…a piece of mushroom and, ur…a piece of chicken and something else were inside. I really, really loved it. What's the name?

(4) ㉕㉖

夕食時のビリーとお母さんの会話を聞いて，その会話の内容を①から④の中から１つ選び，その番号を答えなさい。

Mom: How did you do on your science test?
Billy: I didn't do very well. My science teacher said, "Study more."
Mom: What do you mean, Billy?
Billy: It was, ur…terrible.
Mom: Really? But you studied science so hard for that test!
Billy: Mom…I studied the wrong part.
Mom: Oh, no!

(5) ㉗ ㉘

　　この問題は4種類の英文を聞いて，その中から正しいものを1つ選ぶ問題です。
　　あなたは，明日ピクニックに行く予定です。明日の天気が心配でラジオをつけ，チャンネルを合わせると，次の4つの放送が聞こえてきました。明日の天気の情報を聞くには，何番目の放送を聞けばよいでしょうか。その番号を答えなさい。英文は1回しか放送されません。

① According to the police, a truck crashed on National Highway No. 4 at about 3:00 p.m. because the road was frozen. Fortunately, the truck driver, Mr Jones, was not seriously injured.

② The movie, *Dancing in the rain*, was released today. Hundreds of people made a line in front of the theater to watch this movie. This movie was directed by... .

③ At about 10:00 p.m., there was a fire in a convenience store on Green Street. The fire is still burning because of strong winds. No one was injured in the fire.

④ A low pressure is coming from the north. It will be cloudy tomorrow from the morning. No chance of rain. Tomorrow's high temperature will be 17℃.

【ライティング ７（Writing 条件指定）採点規準・正答例・誤答例】

１．採点規準
　１問２点，全体で８点。文構造の理解ができているかどうかを採点基準とし，つづりの間違いについても減点対象とする。指示された語（下線で示してある語）は形を変えずに使っていなければならない。

　２点―文構造（語順）が正しく，つづりに間違いがない。
　０点―文構造に間違いがあれば，つづりに間違いがなくても０点。
　１点―文構造が正しければ，つづりの間違いが理解可能であれば，いくつあっても減点は１点とする。

２．正答例
　下線部は使うように指示された語。
(1)「1983年に建てられた～」という意味の受け身の文
　　　(Nishi Junior High School) was <u>built</u> in 1983.
(2)「一番新しい」という部分で最上級を使う文
　　　(It is) the <u>newest</u> school in this city.
(3)「公園の近く」という内容の位置関係を表す文
　　　(It) is/stands <u>near</u> (a park).
(4) 現在完了の形で「20年間清掃を継続している」という内容を表す文
　　　(The students) have <u>cleaned</u> it for 20 years.
　　　＊itの代わりにthe parkでもよい。

３．誤答例
(1) (Nishi Junior High School) was <u>built</u> 1983.　　　１点
　　(Nishi Junior High School) <u>built</u> in 1983.　　　０点
(2) (It is) the <u>newest</u> school in this sity.　　　１点
　　(It is) the <u>newest</u> scool in this city.　　　１点
　　(It is) <u>newest</u> school in this city.　　　１点
(3) (It) <u>near</u> (the park).　　　０点
(4) (The students) have <u>cleaned</u> it for 20 year.　　　１点
　　(The students) have <u>cleaned</u> it 20 years.　　　１点
　　(The students) <u>cleaned</u> it for 20 years.　　　０点

【ライティング ⑧ 採点規準・採点例・正答例】

１．採点規準
　①条件を満たしているか，②トピックに関連した内容になっているか，の２点をそれぞれ６点ずつ，合計12点で採点する。

①問題条件（６点分）
　　３文以上…６点
　　　２文…４点
　　　１文…２点
　３年は語数の条件は，なし。

②トピック内容（６点分）
　書かれた英文の内容がトピック内容に関連しているか採点。
(1) １文ずつ採点（各２点）
(2) ミスの減点
　・明らかな語順のミスは，２点減点で０点とする。
　　（例：I the sea to go. など）
　・内容に関する時制のミスは，１点減点で１点とする。
　　（例：I go to the sea yesterday. など）
(3) 以下の誤りは減点しない。
　・大文字・小文字の誤り
　・地名・人名などのつづりの誤り
　・冠詞
　・内容に関連しない語順の誤り
　　（例：I went to the sea <u>my family with</u>. など）
　・記号（ピリオドなど）
(4) ４行目以降の採点
　４行目以降の文も採点し，その中で最も得点の高いものをマークする。

以上の(1)～(4)を踏まえ，１文目から４文目以降の中で，得点の高いほうから３つを合計する。

２．採点例
(例1)
I swam in the sea.	…ミスなし（２点）
And I <u>see</u> some <u>butiful</u> fish.	…時制のミスで１点減点（１点）
I like <u>Hawai</u> very much.	…つづりの誤りは減点なし（２点）
問題条件	…３文なので６点

１行目は内容がトピック内容でありミスもないので２点。２行目は時制のミスにより１点減点で１点。スペルミスは減点なし。３行目はスペルミスのみで減点なし。問題条件の３文を満たしているので６点。合計11点。

（例2）
 Nagano I like very much. …語順の誤りで2点減点（0点）
 I like it. …トピック内容の重複で2点減点（0点）
 I am a student. …トピック内容でない（0点）
 Rice planting go I good. …トピック内容と思われるが意味が通じない（0点）
 問題条件 …3文以上なので6点

1行目は明らかな語順の誤りで0点。2行目は内容の重複で0点。3行目はトピック内容からずれているため0点。4行目は意味が通じないため0点。いずれの文も採点対象にならないが、4文書いてあるので6点。合計6点。

（例3）
 I am here my friend with. …トピック内容と関係のない語順ミス（2点）
 I went to shopping yesterday. …語法のミス。小さな誤りと考え減点なし（2点）
 It is enjoy very much. …語法のミス。小さな誤りとは考えられず1点減点（1点）
 問題条件 …3文なので6点

1行目は2点。2、3行目は生徒がよくやる語法の誤り。小さなものは減点なし（例のように to ひとつだけなど）。3行目のように主語の設定が誤っていたり、形容詞が間違っていたりするものは1点減点。合計11点。

3．正答例

(1) I am in (Nagasaki) now.
  I came here with my family.
  We ate a lot of fish.
  We had a good time.

(2) I am in (Hawaii) now.
  The sea is beautiful.
  I swam in the sea.
  I saw many beautiful fish in the sea.
  I love Hawaii.

(3) I am in (Yamanashi) now.
  I climbed Mt. Fuji with my uncle yesterday.
  It was hard, but it was wonderful!
  The view was beautiful.

(4) I am in (Hokkaido) now.
  Have you ever been to Hokkaido?
  It is cool and the food is delicious.
  I ate sushi in Otaru.

It was very good.

(5) I am in (America) now.
　　I came here last week.
　　I saw a lot of things.
　　America is very big and nice.

(6) I am in (Okinawa) now.
　　How are you?
　　Okinawa is very good.
　　The view is beautiful and the food is so delicious.

4．解答用紙

I'm in _____ now.

① _____

② _____

③ _____

I hope you are having a good summer too.
Goodbye for now.

　　　　　　　　　　　　　　　　サイン

平成17年度 英語コミュニケーションテスト
学習の手引き　3年生

問題		答え	解　説
1	(1)	③	名詞 left を正しく聞き取り意味を理解しているか
	(2)	④	形容詞 tired を正しく聞き取り意味を理解しているか
	(3)	①	前置詞 between を正しく聞き取り意味を理解しているか
	(4)	①	慣用句 has a cold を正しく聞き取り意味を理解しているか
	(5)	③	過去分詞 eaten を正しく聞き取り意味を理解しているか
2	(1)	④	You can eat and drink in the bus.（中略）However, please *do not open the windows*.
	(2)	③	（中略）The kiwi has short wings, but it can't fly. It's *a night bird*…
	(3)	①	Today, we will have a gorgeous lunch of beef steak and *the dessert will be fresh New Zealand fruit*.
	(4)	③	It is *3:45 p.m. now*. We will *arrive in 15 minutes*.
	(5)	③	We'll leave the hotel *at 8:40*. It will *take about 20 minutes* from the hotel to the theater.
3	(1)	③	"We need a parent to sign it." "parent" "sign" が聞き取ることができればよい
	(2)	②	"TV program" "channel 5 at 7:30" "record" "video" などの語から判断する
	(3)	①	"in a cup" "like custard pudding" "hot" "eggs" "mushroom" など，強く読まれる語から判断する
	(4)	④	Billy の "I didn't do very well. My science teacher said, 'Study more.'"（中略）"I studied the wrong part."
	(5)	④	"cloudy" "chance of rain" などがヒントになる。①は交通事故のニュース，②は映画の紹介，③は火事のニュース
4	(1)	②	spring, summer, fall and winter から名詞 seasons を選択する
	(2)	④	「みんなの無事を望む」から動詞 hope を選択する
	(3)	①	「違った色」から形容詞 different を選択する
	(4)	①	「大きなカバンを持って」から前置詞 with を選択する
	(5)	②	「もし雨ならば，家にいる」から接続詞 if を選択する
5	(1)	②	(It is seen on) the train. 受動態の語順を見る
	(2)	③	I (enjoyed talking with them). 動名詞。enjoy は動名詞のみを目的語とする
	(3)	③	But (we call him Bob). SVOC の語順を見る
	(4)	①	(My father gave me a bike). SVOO の語順を見る
	(5)	④	I (want something cold to) drink. 不定詞の形容詞用法。「something ＋形容詞」の語順にも注意
6	(1)	①	「それで遊んでいたの？」の意味になるよう，過去進行形を選択
	(2)	③	「ちょうど宿題が終わったところなんだ」の意味になるよう，現在完了形を選択
	(3)	③	「何を探しているの？」の意味になるよう，現在進行形を選択
	(4)	③	「誰が壊した？」の意味になるよう，過去形を選択
	(5)	①	「全力を尽くします」の意味になるよう，未来形を選択

7			☆1文を2点とし，計8点。文構造の誤りは0点とするが，つづりの誤りや軽度の文法ミスは1点減点。
	(1)		Nishi Junior High School (was built in 1983).
	(2)		It is (the newest school in this city).
	(3)		It (is / stands near) a large park.
	(4)		The students (have cleaned the park for 20 years).
8			☆トピックに関してつながりのある3文で構成されていれば1文を2点とし計6点とする。語順のミスは0点，つづりや時制などのミスは1点減点。文の数が3文以上6点，2文4点，1文2点，として計12点満点となる。
			（例1） I am in Nagasaki now. I came here with my family. We ate a lot of fish. We had a good time.
			（例2） I am in Hawaii now. The sea is beautiful. I swam in the sea. I saw many beautiful fish in the sea. I love Hawaii.
			（例3） I am in Yamanashi now. I climbed Mt. Fuji with my uncle yesterday. It was hard, but it was wonderful! The view was beautiful.
			（例4） I am in Hokkaido now. Have you ever been to Hokkaido? It is cool and the food is delicious. I ate sushi in Otaru. It was very good.
9	1 (1)	②	"bag" "cup" "hot water" "honey or sugar" などを手がかりにすると「紅茶」しかない
	(2)	③	最終行 "Keep in a cool dry place."
	(3)	②	後半部 "Break an egg into the hot water. It will be even more delicious." から「おいしい食べ方」となる
	2 (1)	③	"blue" の語を探すと中段に "When you want to hear the words, push the blue button, and you will hear…" とある
	(2)	④	"word" "page" "listen" を手がかりに英文を読む。下から3行目に "Push the red and blue buttons at the same time, and you can listen to every word on the page." とある。
	3 (1)	③	トムにしてほしいことを探す。後半に "Please call me by Friday, and we can talk…" とあるので「電話」となる
	(2)	①	直前の文 "…, and they really liked the present that you gave them." とあるので「笑顔」となる
	4	③	「夜遅くまでたくさんのメールが来る」と "…I cannot sleep well." となるので③が自然
	5 (1)	③	第2段落 "fishing" や，直前の文 "We couldn't catch any fish," から「釣り」とわかる
	(2)	④	直前の文 "I planted some rice." から「田植え」とわかる

【個評】

　テストの実施においては，テストそのもののあり方ももちろん重要であるが，その結果が生徒にどうフィードバックされるかも重要である。単に「合計点」や「偏差値」が伝えられるだけでは，生徒は自分の学習の問題点を認識することはできないだろう。それゆえ，テスト結果のフィードバックは，できるだけ詳細な方がいい。

　都中英研のテスト結果は，「個評」として，生徒にフィードバックされる。大問ごとの解答状況が，学校の平均得点とともに知らされている。これらは，「領域」ごとに分けられているので，自分のどこが弱いかという「診断情報」ともなるだろう。また，観点別・絶対評価が始まってからは，3つの観点（「言語についての知識・理解」，「表現の理解」，「理解の能力」）ごとに評価を行っている。なお，このテストでは，「コミュニケーションへの関心・意欲・態度」および「言語・文化についての知識・理解」のうちの「文化についての知識・理解」については，評価対象としていない。

平成17年度　都中英研英語コミュニケーションテスト結果　＝中学3年＝

中英研中学校　3年01組01番　氏名　　　　　　　　　1990年4月2日生まれ

領域		大問	あなたの得点	学校の平均得点	得点率		観点	評価
V	語い力	1	10/10	7/10		80%	言語についての知識・理解	A
		2	6/10	5/10		60%		
G	文法力	3	10/10	6/10		100%		
		4	10/10	6/10		60%		
W	書く力	5	12/12	5/12		95%	表現の能力	A
		6	7/8	3/8		40%		
R	読む力	7	10/10	8/10		80%	理解の能力	A
		8	6/10	4/10		60%		
L	聞く力	9	8/10	8/10		90%		
		10	10/10	8/10		80%		
合計点			89/100	59/100				

「得点率」は，■があなたの得点，□が学校平均点です。
「評価」は「得点率」が80％以上でA，50％以上80％未満でB，50％未満でCとなっています。

B テスト統計用語解説および分析結果

今回のテスト分析では，各学年について以下の分析結果を提出する。
① 得点情報
② 項目とテストの基本統計量・GP 分析情報
③ 大問別・領域別情報

①〜③のうち，①は受験者の得点に関する分析結果，②・③はテスト・テスト項目に関する分析結果となっている。このテスト・テスト項目の分析結果のうち，②は多肢択一問題の分析であるため，自由記述式である「Writing 大問 7, 8」は分析対象外となっている。③は，全問題が対象となっている。

分析結果の表・グラフに記述してある値の意味についての簡単な説明を明記する。
＊「この情報が大切」と思われるものに「★」を付けてある。
＊テスト理論の分野では，テストを構成する問題のことを「項目（item）」と呼ぶ。以下の説明でもこの「項目」という表現が使用されている。

[1] 項目とテストの基本統計量〈項目基本統計量〉

★正答率

正しく解答した受験者の割合（「正しく答えた受験者数」÷「全受験者数」）を示している指標である。項目分析における「難易度」の指標である。この値が大きい項目ほどやさしいと判断でき，逆にこの値が小さいほど難しいと判断できる。

★点双列相関係数（点双列）

受験者の総得点の高低とある 1 つの項目の高低（正誤）との関係を相関係数で示している。ある 1 つの項目でも受験者の総得点を予測する力が強いかどうかを判断できる。また，この値が大きい項目は，テストの総得点の高い受験者ほど正解し，総得点の低い受験者ほど不正解するといえる。逆に，この値が小さい項目はテストの総得点が高い受験者が不正解したにもかかわらず，総得点が低い受験者が正解するなど，総得点に関係なく，どの能力レベルでも正解できる割合があまり変化しない項目であると考えられる。一般的にこの値が 0.400 以上であれば良い項目と判断でき，0.200 以下はあまり良い項目とはいえないと判断できる。

★双列相関係数（双列）

天井効果・床効果（満点・0 点）を考慮に入れて 2 変量間の関連の程度を表した指標である。ほとんどのテストには満点があるため，満点以上の力を有する受験者でも満点と扱われてしまい，また 0 点以下の力を有する受験者も 0 点と扱われてしまう。これを「天井・床効果」と呼んでいる。

例えば，ある項目がやさしすぎて，テストの総得点が低い受験者から高い受験者までが正解したとする。点双列相関係数は総得点が高い受験者ほど項目に正解し，総得点が低い受験者ほど項目に不正解する関係が顕著な場合にその数値が高くなる。しかし，この例では総得点が低い受験者・高い受験者など様々であるのに対し，項目の出来は「天井・床効果」の影響（項目がやさしすぎるの）で皆同じ「正解」である。したがって，総得点の高低と項目の高低には関係が認められず，点双列相関係数は高く

ならない。このような天井・床効果を考慮に入れて 2 変量間の関連の程度を算出したものが，双列相関係数である。
* 通常は点双列の値を指標にし，「天井・床効果」が見られる正答率の高い（例えば，0.9 以上の）問題・低い（例えば，0.1 以下の）問題の際は双列を参照する。
* 双列相関係数の値の判断基準は「点双列相関係数」のものと同じであるが，通常は双列相関係数の方が絶対値が大きい値となる。

選択肢 1 ～ 6
各選択肢を選択した受験者の割合（「その選択肢を選んだ受験者数」÷「全受験者数」）を記している。

Other
無回答など，どの選択肢も選択していない受験者の割合（「無回答などの受験者数」÷「全受験者数」）を記している。

実質選択肢数
受験者が実際選択した選択肢の情報から求めた，実質的に機能した選択肢数を示す指標である。例えば，ある項目は 4 択問題であったとする。正答以外の選択肢で受験者が実際選択していない選択肢が 2 つあったとする。その 2 つの選択肢は選択肢の役割を果たしておらず，4 択である意味がなくなってしまう。このように，各選択肢の選択率の情報から実質的に機能している選択肢の数を示す指標である。

正解
正解選択肢の番号を記している。

[2] 項目とテストの基本統計量〈テスト統計量〉

項目数
テストの全項目数（問題数）を記している。

受験者数
分析に用いた受験者の数を記している。

★平均
テストの総得点の平均値を記している。

★分散
分布の広がり，すなわち受験者の点数が算術平均を中心に，どれだけ散らばっているかを示している。値が小さければ，個々のデータ（各受験者のテスト総得点）は平均値のまわりに凝集していることを示し，逆に大きければ平均値から拡散して分布していることを示している。

★標準偏差
「分散」と同様の指標。「分散」に正の平方根（$\sqrt{}$）をつけた値。

歪度
データ（各受験者のテスト総得点）の分布が左右対称であるか，あるいはゆがんでいるのかを示す指標である。値の正負によって以下のような分布になる。

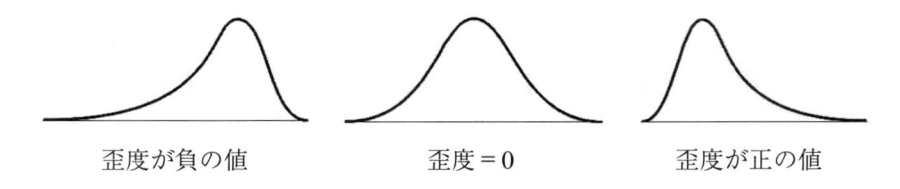

歪度が負の値　　　　歪度＝0　　　　歪度が正の値

尖度
データ（各受験者のテスト総得点）の分布が正規分布より尖っているのか，扁平であるのかを示す指標である。値の大小によって以下のような分布になる。

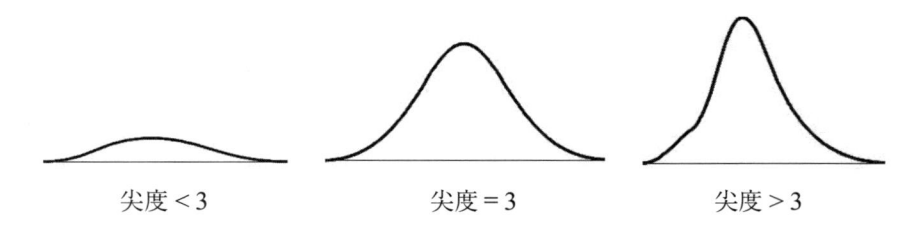

尖度＜3　　　　尖度＝3　　　　尖度＞3

最小
全受験者中のテスト総得点の最小値を記している。

最大
全受験者中のテスト総得点の最大値を記している。

中央値
データ（全受験者のテスト総得点）を大きさ順に並べた際に，ちょうど中央に当たる値を示す指標である。例えば，｛1, 2, 3, 3, 3, 4, 5, 6, 6｝のようなデータ配列があると，中央値にあたるのは，9つのデータのうち5つ目にある「3」となる。

★信頼性係数
テスト得点の安定性を示す指標で，0～1の間の値をとる。例えば，信頼性の高いテストで70点をとった受験者がもう一度同じテストを受けた場合（学習効果，測定誤差などは考慮しないものとすると），ほぼ同じ70点をとるはずである。逆に信頼性の低いテストで70点をとった受験者がもう一度同じテストを受けても全く違う点数をとってしまうかもしれない。一般的にこの値が0.9を越えると信頼性が高いテストと呼ばれることがある。この値は項目数が多ければ大きくなり，受験者集団によっても変化する性質がある。

標準誤差
　テスト総得点の変動の大きさを得点の標準偏差を用いて示した指標である。同じ受験者に繰り返し同じテストを実施すると，一般的にテスト実施ごとにテスト総得点は変動する。その変動の具合を表す値である。この値が高いほど，変動の程度が大きい。また，逆にこの値が低いほど変動の程度が小さいといえる。

平均正答率
　テストの全体項目の正答率の平均値を記している。

点双列
　テストの全体項目の点双列の平均値を記している。

双列
　テストの全体項目の双列の平均値を記している。

SN 比
　1項目あたりの信号雑号比（$\left\{\left(\dfrac{信頼性係数}{1-信頼性係数}\right) \times \dfrac{1}{項目数}\right\}$）を示す指標である。

問題数増加に対する信頼性係数の変化
　テストの項目数を5問ずつ増やした場合の信頼性係数の変化を記している。信頼性係数はテストに含まれる項目の数を増やすと高くなる。表「テスト統計量（120ページ）」では，現在のテストの項目数を5問ずつ増やした場合，どのように信頼性係数が変化するかを記している。

正答率と点双列相関係数の散布図
　各項目の正答率を x 軸に，点双列を y 軸にとった項目の散布図である。

[3] GP（Good-Poor）分析情報

★受験者レベル別選択肢選択率
　全受験者のテストの総得点を低い順から並べ，受験者数が等しくなるように5分割したものをそれぞれ Lv1，Lv2…Lv5 としている。この各レベルを x 軸，受験者群の平均選択率を y 軸にとり，各レベルの受験者群の平均選択率を各項目の各選択肢別にプロットしたグラフである。したがって，各レベルの受験者群がどの選択肢をどの程度選択したのかが読みとれる。
　次ページのグラフで示すような，一般的には高レベルの受験者群ほど正解する項目が良いといえる。

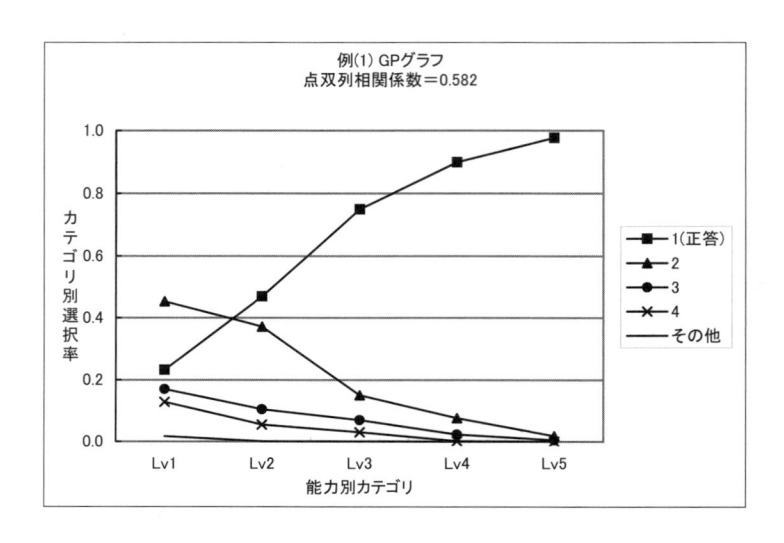

例(1) GPグラフ
点双列相関係数＝0.582

選択肢選択率
　各項目の各選択肢の選択率を選択肢ごとに表示したグラフである。

★受験者レベル別選択肢選択率
　「グラフ：受験者レベル別選択肢選択率」の基となる表である。

[4] 大問別・領域別集計

★大問間の相関係数
　各大問間の相関係数をクロス集計表に表示したものである。なお，「相関係数」とは2組のデータ（受験者の得点）の高低の関係を示した指標である（点双列相関係数，双列相関係数も相関係数の一種である。1項目の正誤対テスト総得点の高低関係を示す相関係数である）。したがって，大問AとBの相関係数が高いと，大問Aに正解した受験者ほどBにも正解したといえる。逆に，相関係数が低いと，大問Aに正解した受験者は必ずしもBには正解しておらず，また大問Aに不正解した受験者がBに正解しているなど，大問A, Bの受験者の出来には強い関係が見られないといえる。
　以下に，おおよその相関係数の目安を示す。
　　　　0.20 以下：ほとんど相関がない
　　0.20 〜 0.40 の間：弱い相関がある
　　0.40 〜 0.60 の間：中度の相関がある
　　0.60 〜 1.00 の間：強い相関がある
しかし，現実のデータにおいては相関係数の値がどのくらいであれば実質的な意味があるかを判断するには，予備知識や経験ばかりでなく使用目的，制限条件などを深く考慮に入れる必要がある。

領域間の相関係数
　各領域の相関係数をクロス集計表に表示したものである。

大問別得点度数分布
　各大問，取得得点ごとの受験者の人数を示している度数分布表である。

領域別得点度数分布
各領域,取得得点ごとの受験者の人数を示している度数分布表である。

大問別度数分布
「大問別度数分布」表をグラフ化したものである。

領域別度数分布
「領域別度数分布」表をグラフ化したものである。

① 得点情報

3年生得点分布

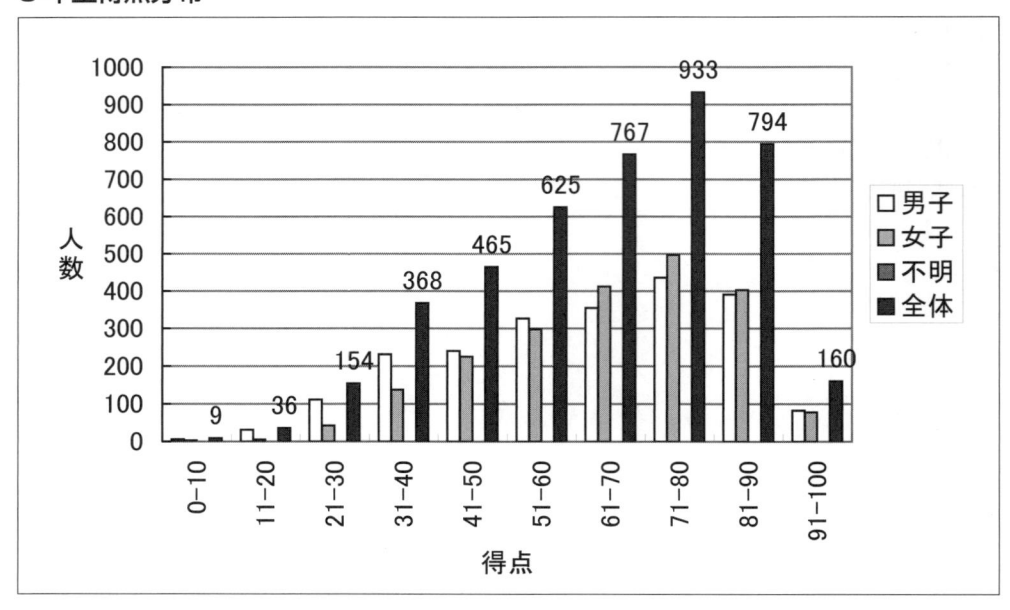

	男子		女子		不明		全体	
○点以下	男子	%	女子	%	不明	%	全体	%
0-10	6	0.3%	3	0.1%	0	0.0%	9	0.2%
11-20	31	1.4%	5	0.2%	0	0.0%	36	0.8%
21-30	111	5.0%	43	2.0%	0	0.0%	154	3.6%
31-40	231	10.5%	137	6.5%	0	0.0%	368	8.5%
41-50	240	10.9%	225	10.7%	0	0.0%	465	10.8%
51-60	327	14.8%	298	14.2%	0	0.0%	625	14.5%
61-70	355	16.1%	412	19.6%	0	0.0%	767	17.8%
71-80	436	19.7%	497	23.7%	0	0.0%	933	21.6%
81-90	391	17.7%	403	19.2%	0	0.0%	794	18.4%
91-100	82	3.7%	78	3.7%	0	0.0%	160	3.7%
合計	2210	100.0%	2101	100.0%	0	0.0%	4311	100.0%

3年生領域別平均点表

	V	G	W	R	L	total
男子平均	13.61	13.70	7.95	14.04	13.17	62.46
女子平均	14.16	14.27	8.66	15.31	13.97	66.37
不明平均						
全体平均	13.88	13.97	8.30	14.66	13.56	64.37

3年生領域別得点分布

	V				G				W				R				L			
	男	女	不	全	男	女	不	全	男	女	不	全	男	女	不	全	男	女	不	全
20	284	318		602	270	236		506	0	0		0	460	533		993	79	83		162
19	0	0		0	0	0		0	0	0		0	0	0		0	0	0		0
18	393	382		775	369	378		747	0	0		0	374	438		812	251	300		551
17	0	0		0	0	0		0	51	51		102	0	0		0	0	0		0
16	336	342		678	394	430		824	66	50		116	282	339		621	434	457		891
15	0	0		0	0	0		0	67	75		142	0	0		0	0	0		0
14	301	279		580	324	357		681	141	143		284	257	229		486	475	513		988
13	0	0		0	0	0		0	144	153		297	0	0		0	0	0		0
12	256	261		517	247	253		500	173	167		340	223	181		404	410	366		776
11	0	0		0	0	0		0	144	157		301	0	0		0	0	0		0
10	207	202		409	200	189		389	138	187		325	194	141		335	265	244		509
9	0	0		0	0	0		0	151	160		311	0	0		0	0	0		0
8	184	152		336	162	133		295	145	145		290	162	100		262	150	91		241
7	0	0		0	0	0		0	117	140		257	0	0		0	0	0		0
6	121	85		206	133	70		203	103	132		235	128	69		197	71	34		105
5	0	0		0	0	0		0	107	103		210	0	0		0	0	0		0
4	84	59		143	69	32		101	91	97		188	60	37		97	45	8		53
3	0	0		0	0	0		0	237	126		363	0	0		0	0	0		0
2	24	16		40	26	18		44	68	60		128	38	21		59	20	1		21
1	0	0		0	0	0		0	48	48		96	0	0		0	0	0		0
0	20	5		25	16	5		21	219	107		326	32	13		45	10	4		14
合計	2210	2101		4311	2210	2101		4311	2210	2101		4311	2210	2101		4311	2210	2101		4311

3年生偏差値換算テーブル

偏差値	男子	女子	全体	偏差値	男子	女子	全体
68	99	97	98	43	49	55	52
67	97	96	96	42	47	53	50
66	95	94	95	41	45	52	48
65	93	92	93	40	43	50	46
64	91	91	91	39	41	48	44
63	89	89	89	38	39	47	43
62	87	87	87	37	37	45	41
61	85	85	85	36	35	43	39
60	83	84	83	35	33	41	37
59	81	82	82	34	31	40	35
58	79	80	80	33	29	38	33
57	77	79	78	32	27	36	32
56	75	77	76	31	25	35	30
55	73	75	74	30	23	33	28
54	71	74	72	29	21	31	26
53	69	72	70	28	19	30	24
52	67	70	69	27	17	28	22
51	65	69	67	26	16	26	20
50	63	67	65	25	14	25	19
49	61	65	63	24	12	23	17
48	59	63	61	23	10	21	15
47	57	62	59	22	8	19	13
46	55	60	57	21	6	18	11
45	53	58	56	20	4	16	9
44	51	57	54	19	2	14	7

② 項目とテストの基本統計量・GP分析情報

項目とテストの基本統計量

No.	正答率	双列	点双列	選択肢1	選択肢2	選択肢3	選択肢4	Other	実質選択肢数	正解	?選択肢
1	0.796	0.585	0.411	0.012	0.119	0.796	0.069	0.004	1.959	3	-
2	0.879	0.732	0.452	0.015	0.063	0.037	0.879	0.006	1.604	4	-
3	0.752	0.664	0.487	0.752	0.083	0.083	0.074	0.008	2.271	1	-
4	0.428	0.644	0.511	0.428	0.020	0.521	0.025	0.006	2.395	1	-
5	0.827	0.707	0.478	0.089	0.065	0.827	0.014	0.005	1.840	3	-
6	0.641	0.413	0.322	0.128	0.058	0.166	0.641	0.006	2.750	4	-
7	0.735	0.552	0.410	0.160	0.049	0.735	0.051	0.004	2.268	3	-
8	0.770	0.440	0.318	0.770	0.083	0.131	0.013	0.003	2.076	1	-
9	0.220	0.297	0.212	0.332	0.249	0.220	0.194	0.005	3.910	3	-
10	0.344	0.517	0.400	0.228	0.215	0.344	0.208	0.005	3.901	3	-
11	0.784	0.508	0.362	0.124	0.068	0.784	0.021	0.003	2.041	3	-
12	0.867	0.626	0.396	0.007	0.867	0.105	0.019	0.003	1.601	2	-
13	0.949	0.594	0.284	0.949	0.011	0.017	0.020	0.004	1.280	1	-
14	0.729	0.267	0.199	0.012	0.244	0.011	0.729	0.004	1.969	4	-
15	0.743	0.354	0.261	0.084	0.061	0.104	0.743	0.009	2.304	4	-
16	0.876	0.871	0.541	0.034	0.876	0.051	0.036	0.003	1.653	2	-
17	0.603	0.656	0.517	0.141	0.091	0.156	0.603	0.009	2.972	4	-
18	0.622	0.618	0.484	0.622	0.198	0.097	0.080	0.004	2.842	1	-
19	0.704	0.661	0.500	0.704	0.095	0.037	0.160	0.005	2.425	1	-
20	0.454	0.507	0.404	0.122	0.454	0.365	0.055	0.004	3.135	2	-
21	0.910	0.688	0.390	0.019	0.910	0.015	0.053	0.003	1.462	2	-
22	0.762	0.802	0.582	0.050	0.109	0.762	0.075	0.003	2.209	3	-
23	0.808	0.623	0.432	0.025	0.032	0.808	0.129	0.005	1.894	3	-
24	0.838	0.681	0.453	0.838	0.108	0.019	0.030	0.005	1.766	1	-
25	0.262	0.468	0.347	0.156	0.090	0.486	0.262	0.007	3.347	4	-
26	0.654	0.714	0.553	0.654	0.156	0.150	0.036	0.004	2.643	1	-
27	0.792	0.634	0.448	0.044	0.066	0.792	0.093	0.004	2.059	3	-
28	0.684	0.618	0.473	0.056	0.174	0.684	0.080	0.006	2.528	3	-
29	0.495	0.493	0.393	0.041	0.067	0.495	0.391	0.005	2.794	3	-
30	0.782	0.748	0.533	0.782	0.144	0.023	0.046	0.005	2.013	1	-
31	0.782	0.636	0.454	0.075	0.782	0.068	0.063	0.013	2.103	2	-
32	0.781	0.657	0.469	0.063	0.077	0.781	0.068	0.011	2.112	3	-
33	0.861	0.720	0.461	0.024	0.861	0.048	0.056	0.011	1.691	2	-
34	0.657	0.563	0.436	0.126	0.157	0.657	0.043	0.017	2.619	3	-
35	0.787	0.801	0.568	0.079	0.070	0.044	0.787	0.019	2.039	4	-
36	0.616	0.689	0.541	0.154	0.110	0.616	0.092	0.028	2.854	3	-
37	0.844	0.617	0.407	0.844	0.061	0.051	0.022	0.023	1.732	1	-
38	0.675	0.578	0.444	0.047	0.162	0.675	0.086	0.030	2.496	3	-
39	0.710	0.723	0.545	0.063	0.146	0.710	0.046	0.034	2.316	3	-
40	0.618	0.668	0.524	0.171	0.093	0.081	0.618	0.036	2.784	4	-
平均	0.701	0.608	0.435								
偏差	0.170	0.131	0.094								

テスト統計量

項目数	40
受験者数	4311
平均	28.042
分散	54.465
標準偏差	7.380
歪度	-0.650
尖度	-0.139
最小	0
最大	40
中央値	29
信頼性係数	0.889
標準誤差	2.460
平均正答率	0.701
点双列	0.435
双列	0.608
SN比	0.200

問題数	信頼性係数
45	0.910
50	0.926
55	0.938
60	0.947
65	0.955

大問	平均		
	正答率	双列	点双列
1	0.736	0.666	0.468
2	0.542	0.444	0.332
3	0.814	0.470	0.300
4	0.652	0.663	0.489
5	0.716	0.652	0.441
6	0.681	0.641	0.480
9	0.733	0.665	0.485

正答率と点双列相関係数の散布図

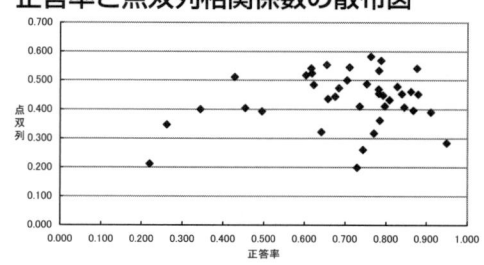

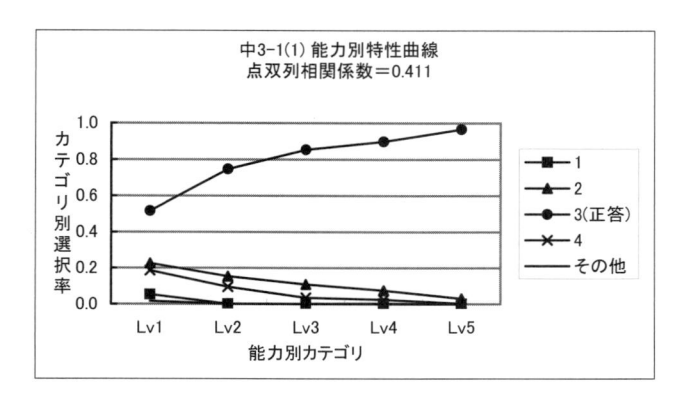

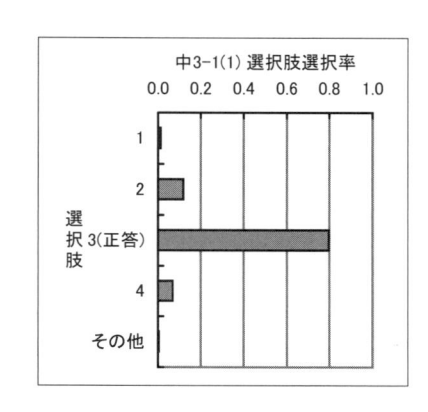

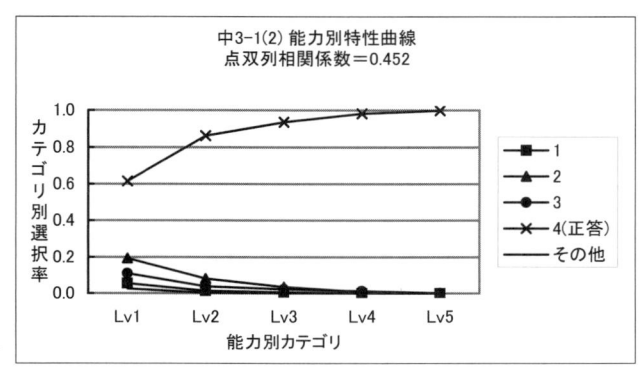

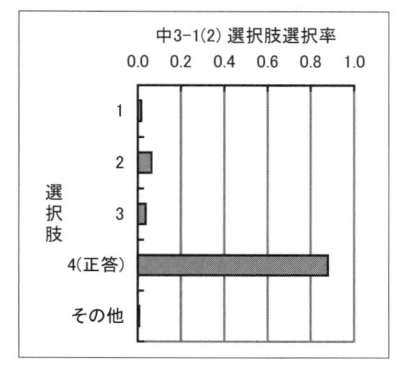

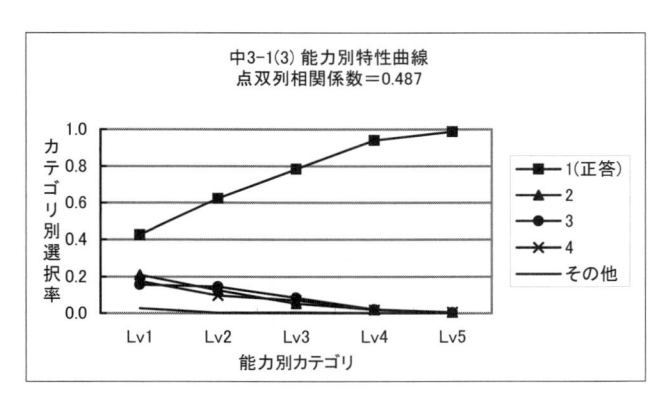

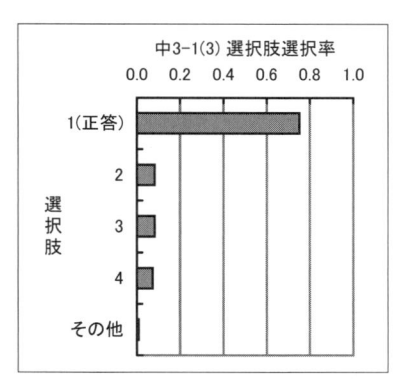

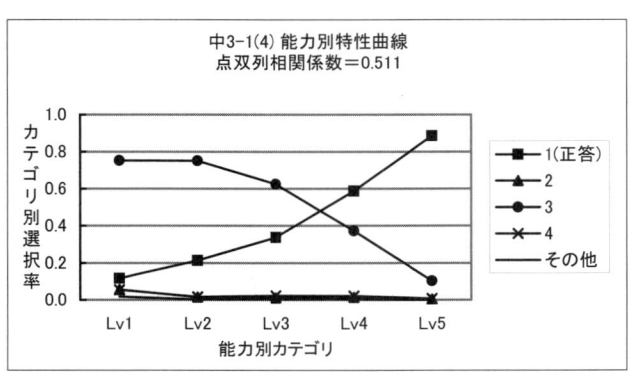

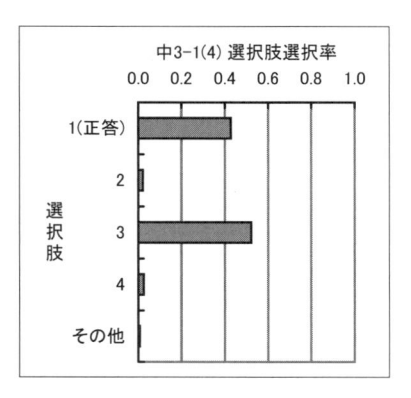

B テスト統計用語解説および分析結果

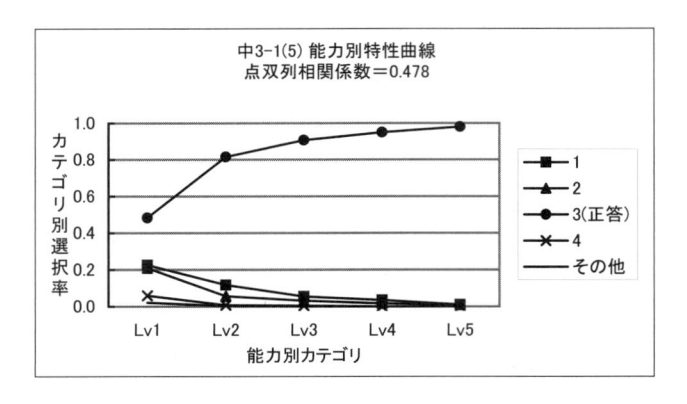

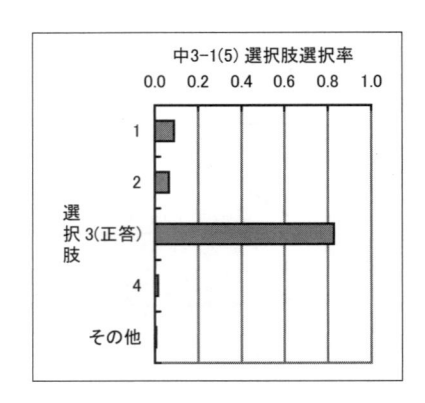

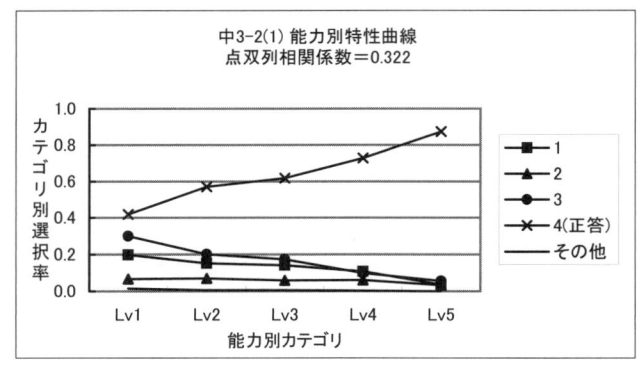

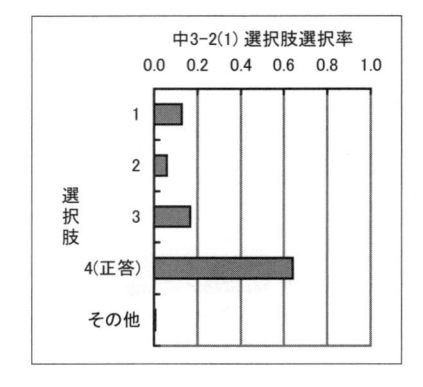

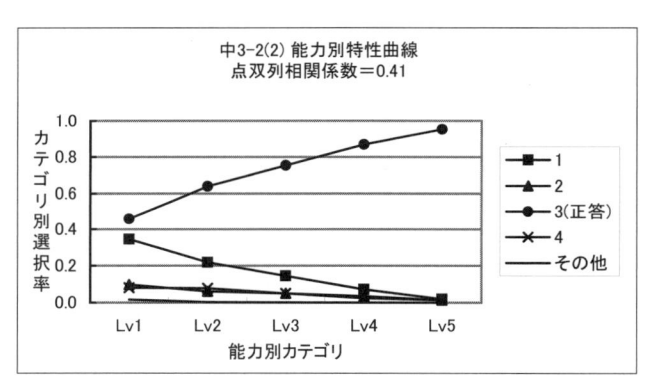

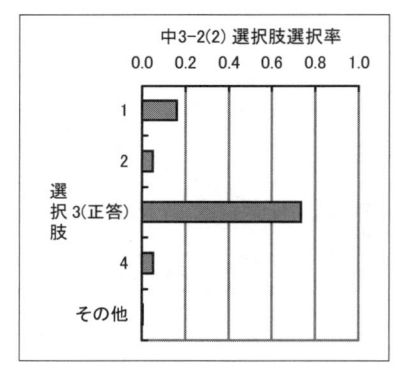

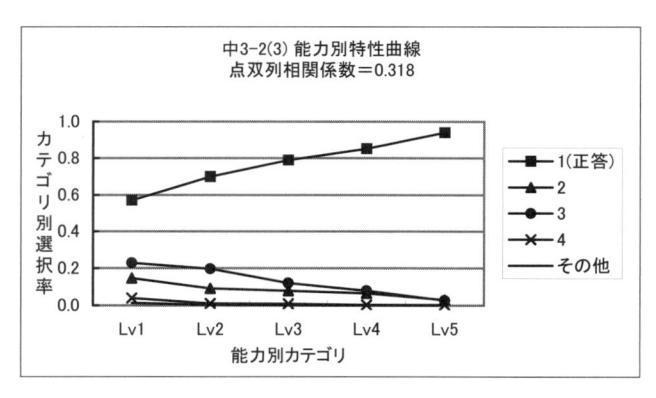

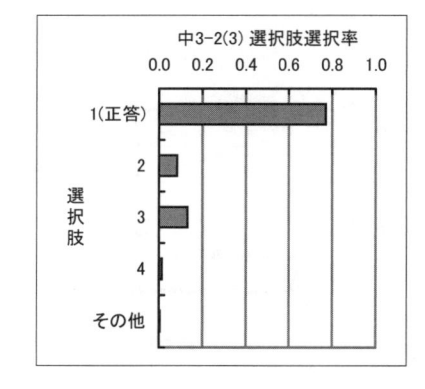

122　第6章　都中英研英語コミュニケーションテストの分析結果

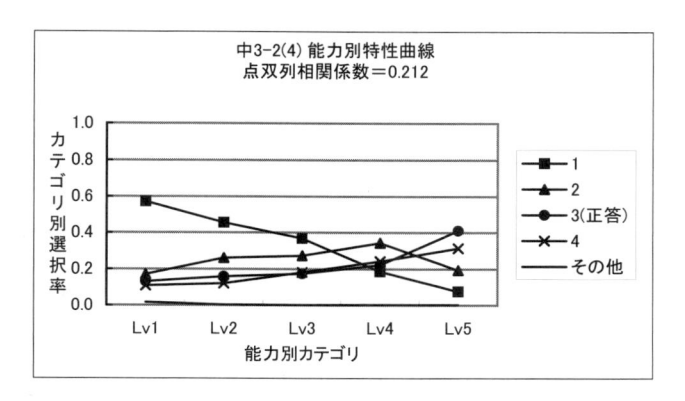

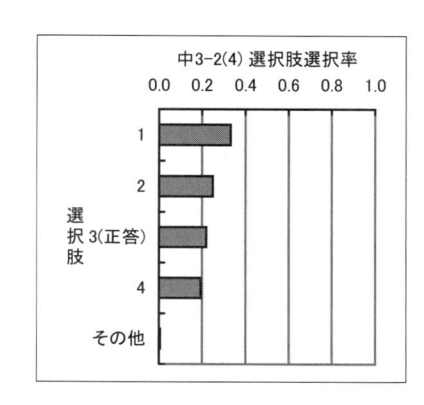

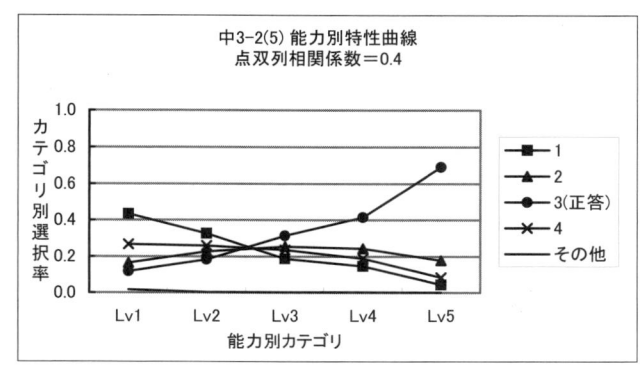

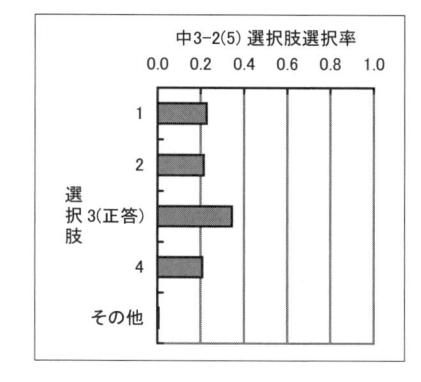

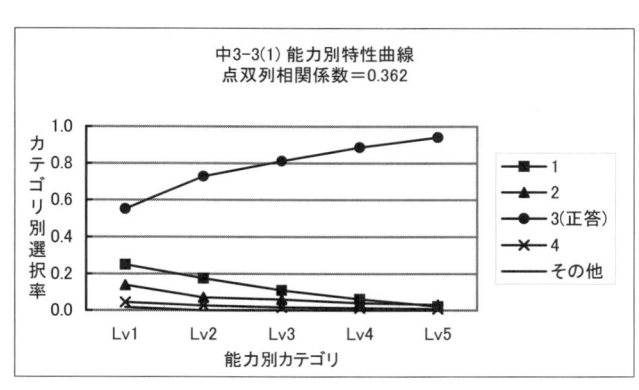

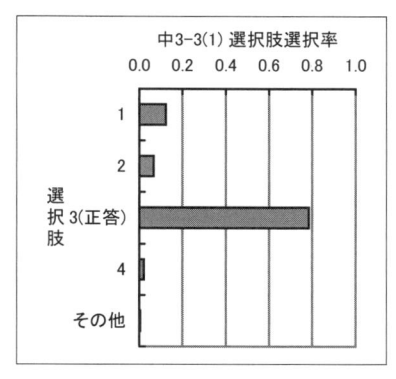

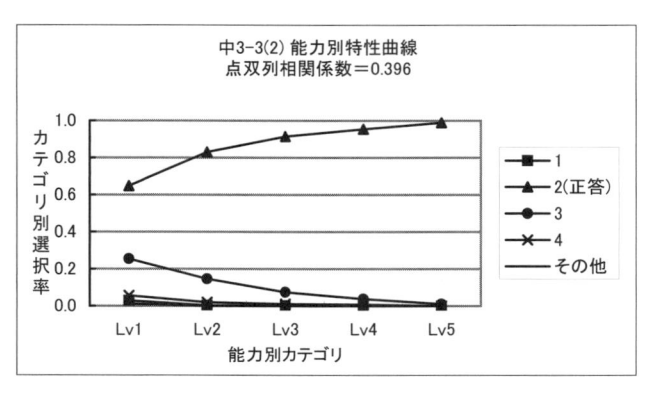

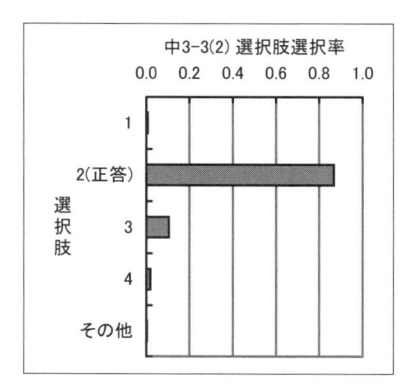

B テスト統計用語解説および分析結果

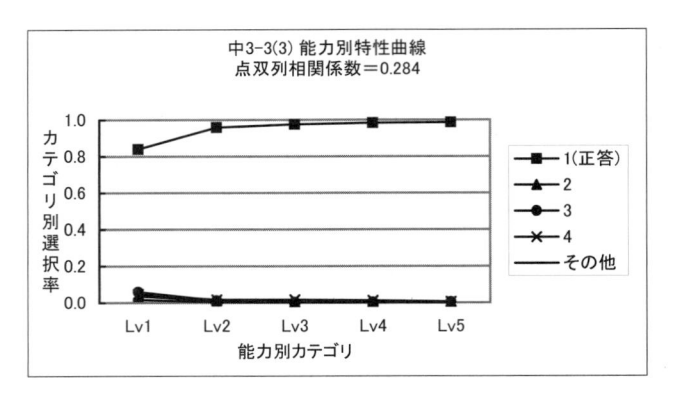

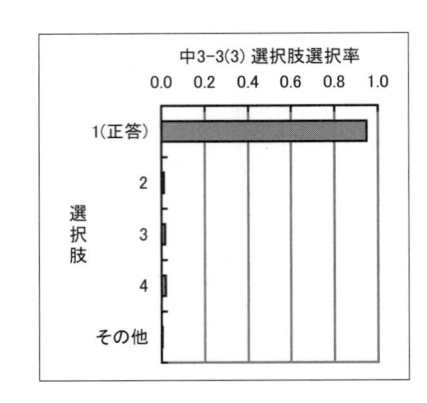

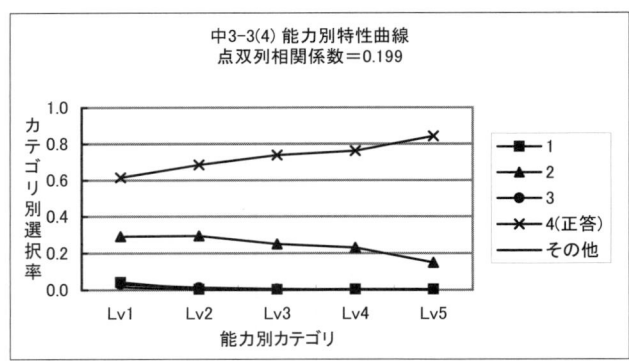

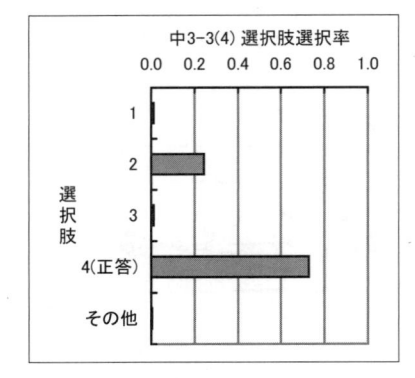

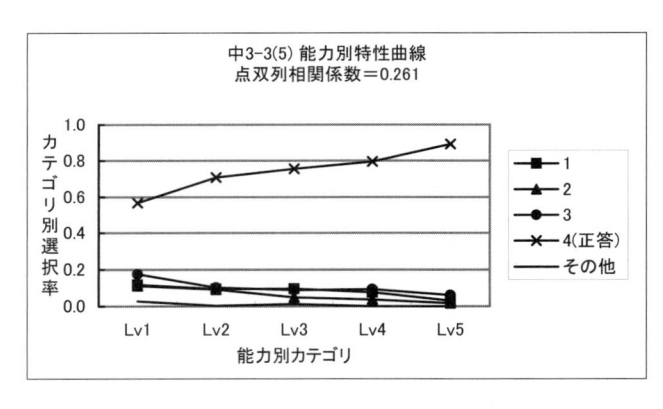

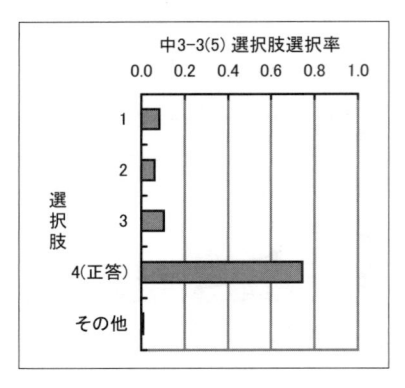

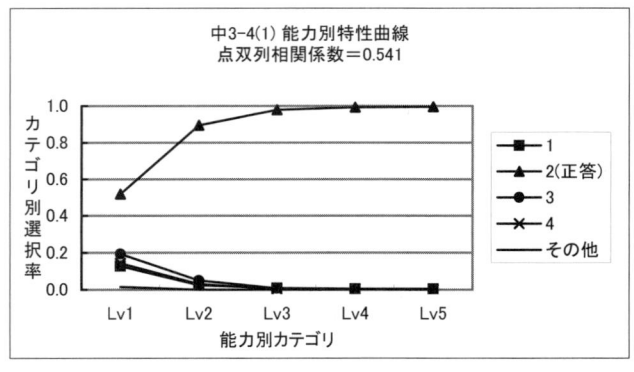

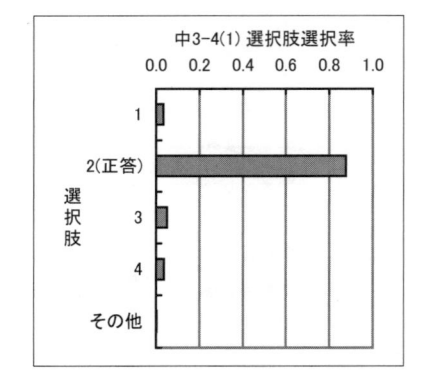

124　第6章　都中英研英語コミュニケーションテストの分析結果

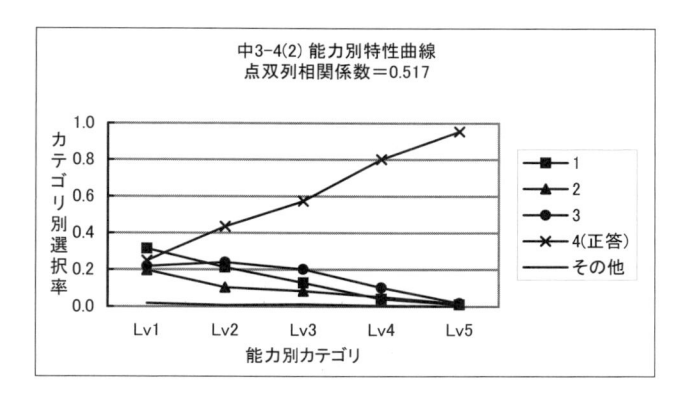

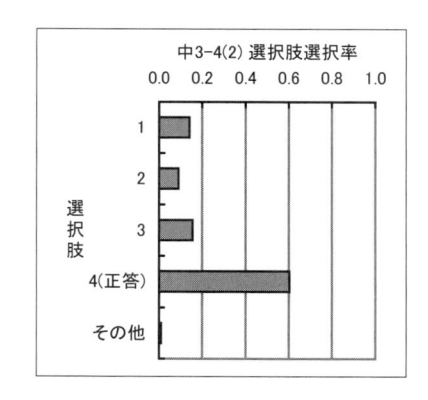

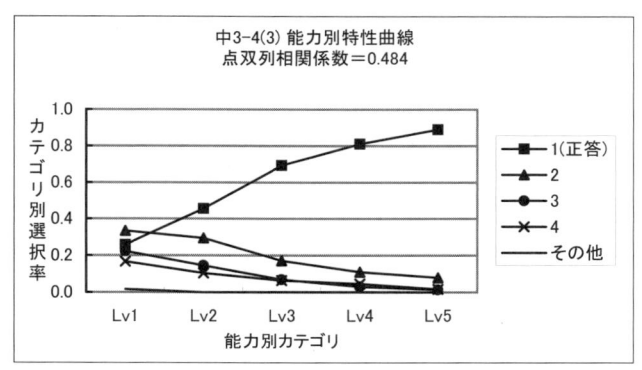

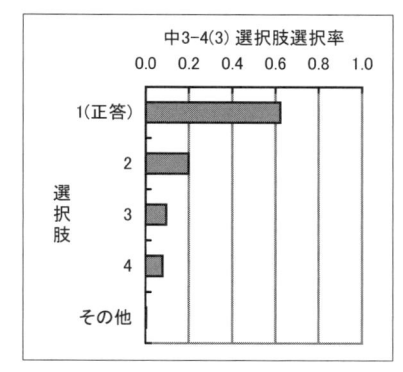

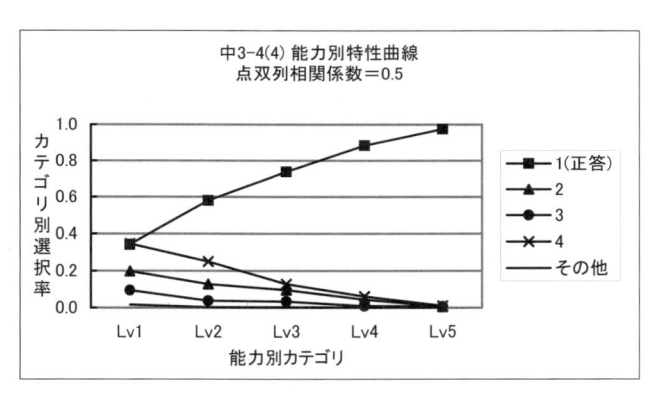

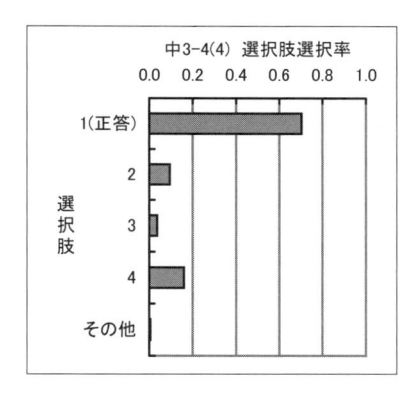

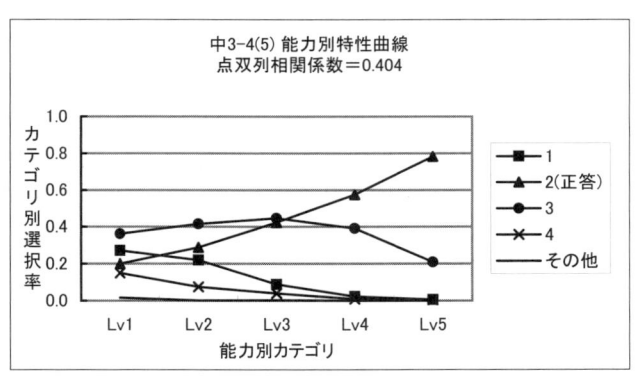

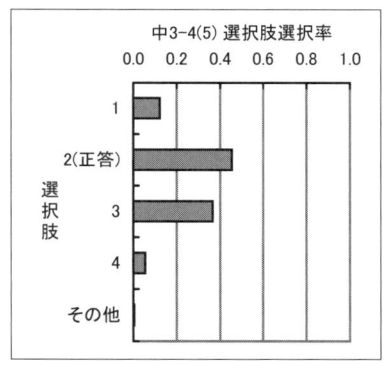

B テスト統計用語解説および分析結果

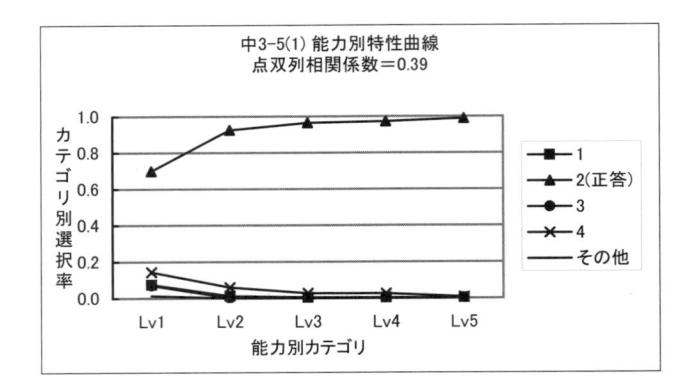

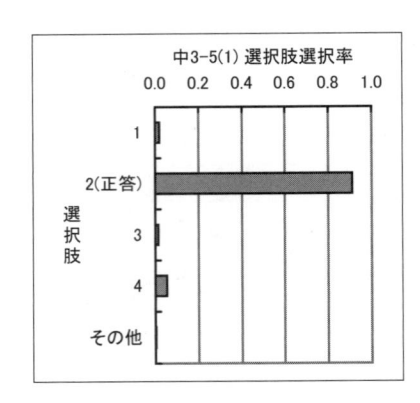

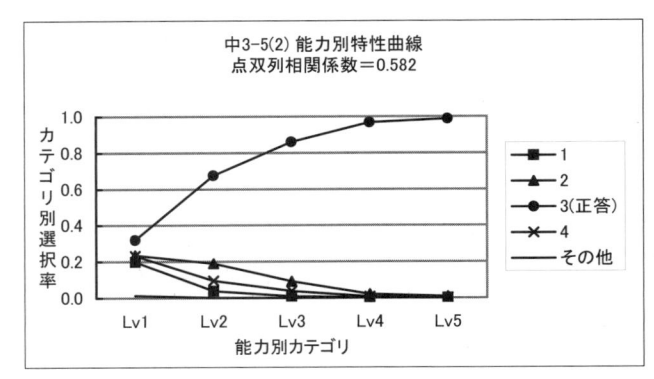

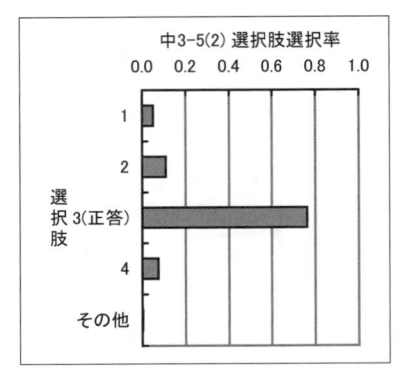

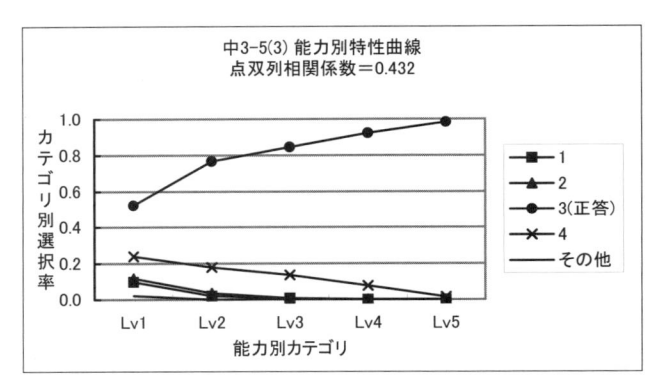

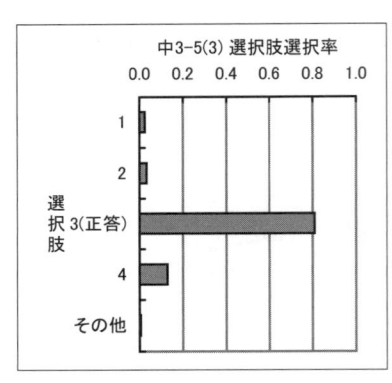

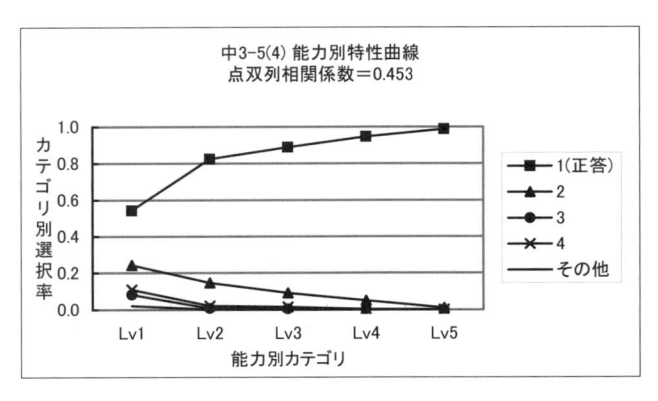

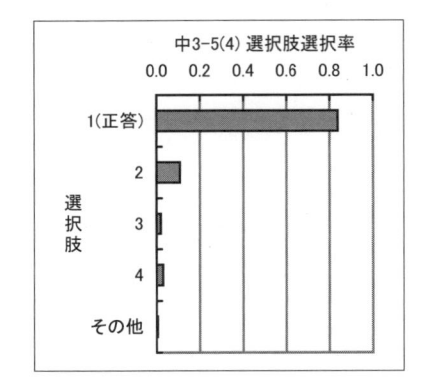

126　第6章　都中英研英語コミュニケーションテストの分析結果

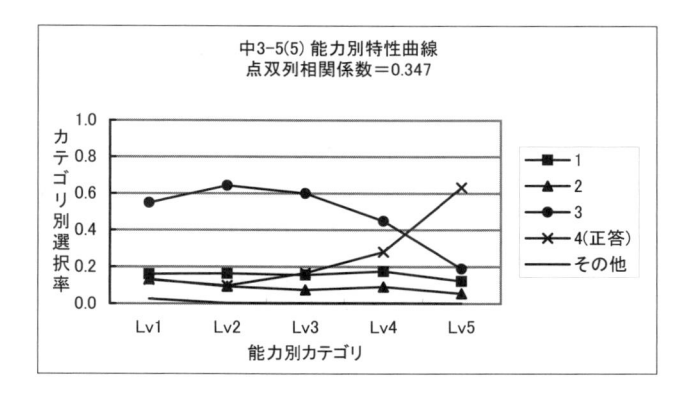

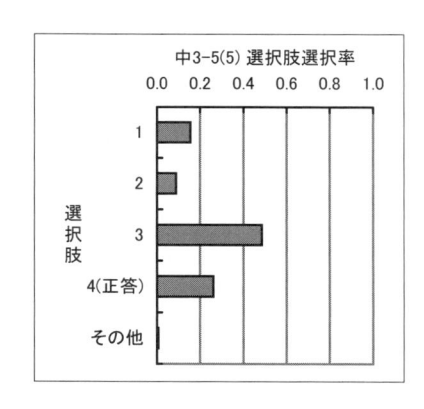

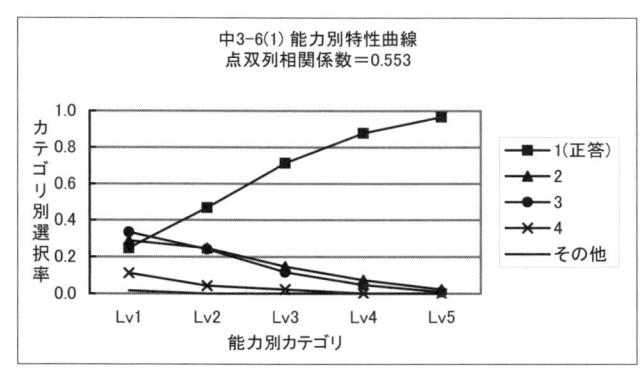

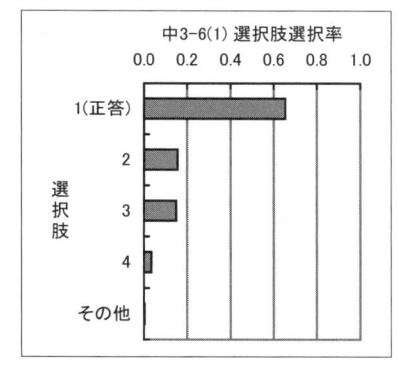

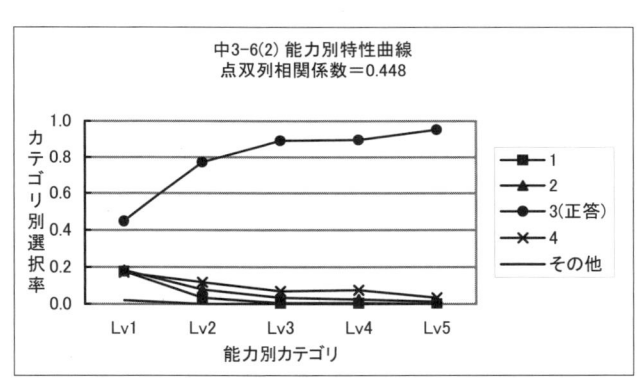

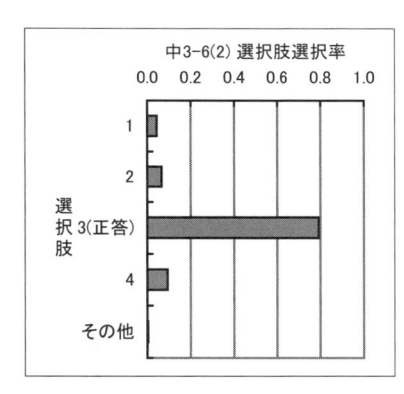

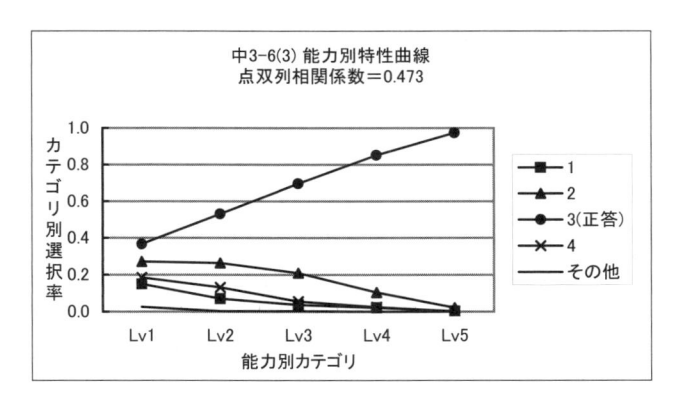

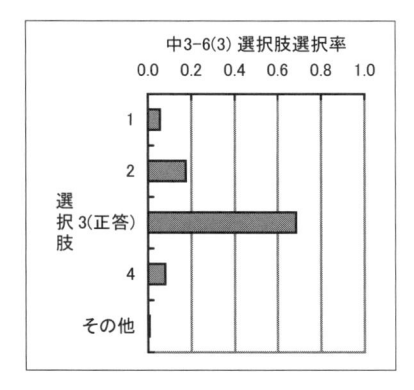

B テスト統計用語解説および分析結果

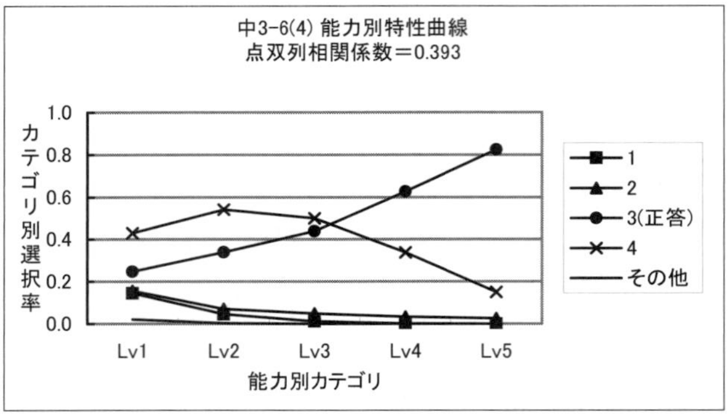
中3-6(4) 能力別特性曲線
点双列相関係数＝0.393
カテゴリ別選択率
能力別カテゴリ
Lv1
Lv2
Lv3
Lv4
Lv5
1
2
3(正答)
4
その他

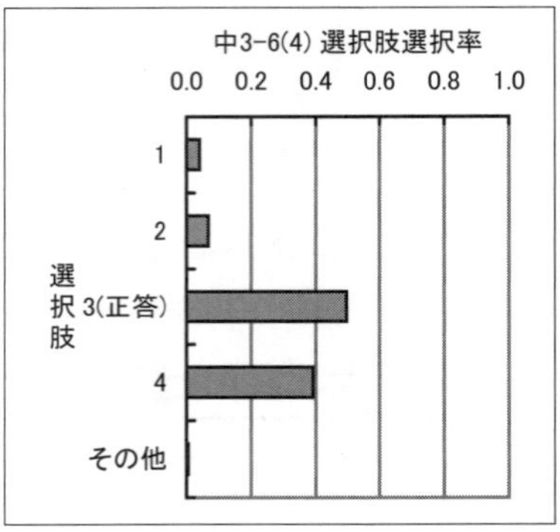
中3-6(4) 選択肢選択率
選択肢
1
2
3(正答)
4
その他

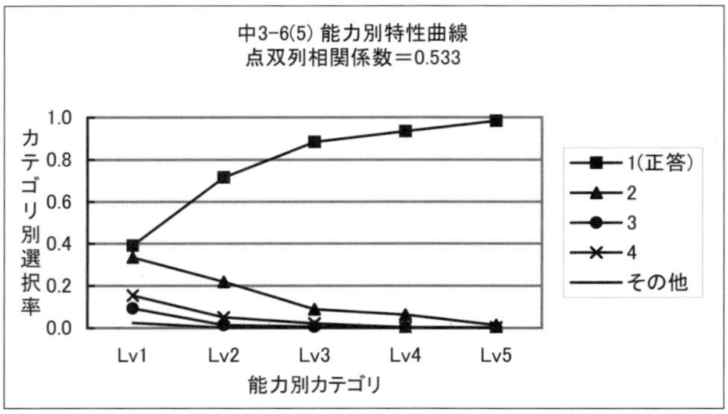
中3-6(5) 能力別特性曲線
点双列相関係数＝0.533
カテゴリ別選択率
能力別カテゴリ
1(正答)
2
3
4
その他

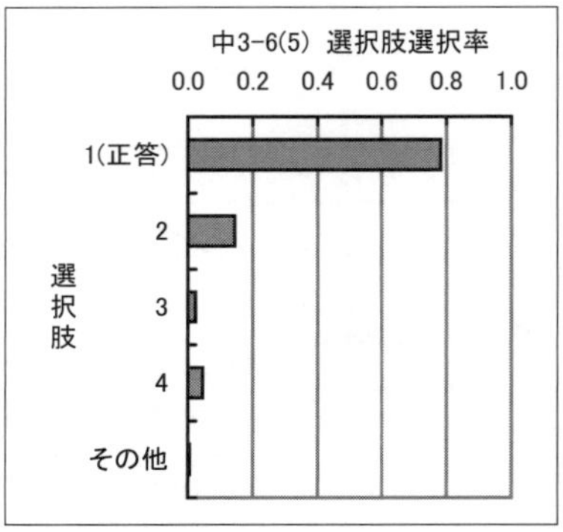
中3-6(5) 選択肢選択率
選択肢
1(正答)
2
3
4
その他

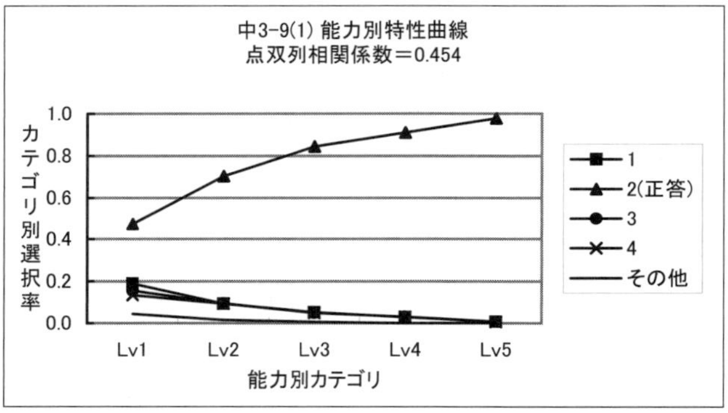
中3-9(1) 能力別特性曲線
点双列相関係数＝0.454
カテゴリ別選択率
能力別カテゴリ
1
2(正答)
3
4
その他

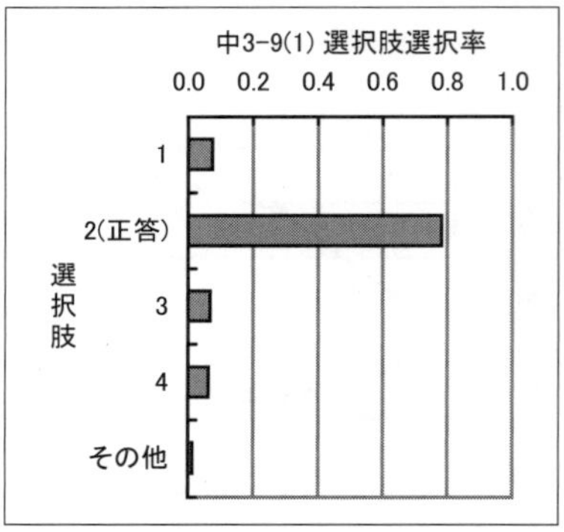
中3-9(1) 選択肢選択率
選択肢
1
2(正答)
3
4
その他

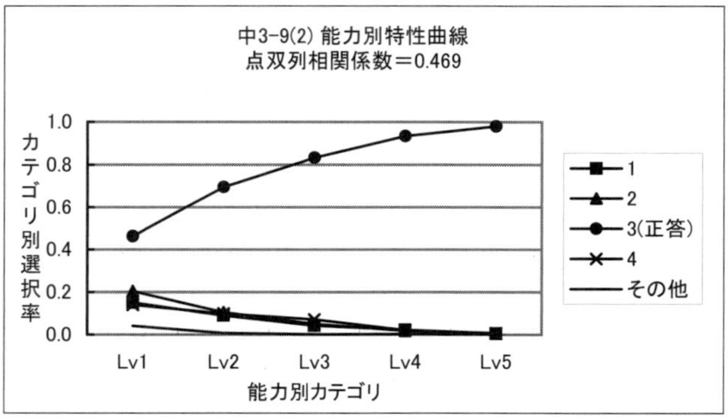
中3-9(2) 能力別特性曲線
点双列相関係数＝0.469
カテゴリ別選択率
能力別カテゴリ
1
2
3(正答)
4
その他

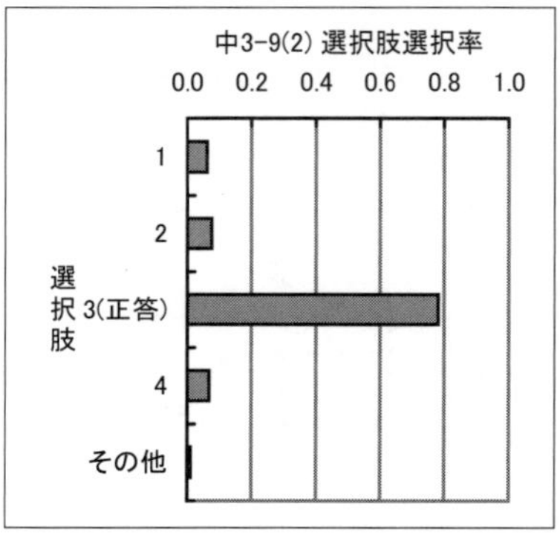
中3-9(2) 選択肢選択率
選択肢
1
2
3(正答)
4
その他

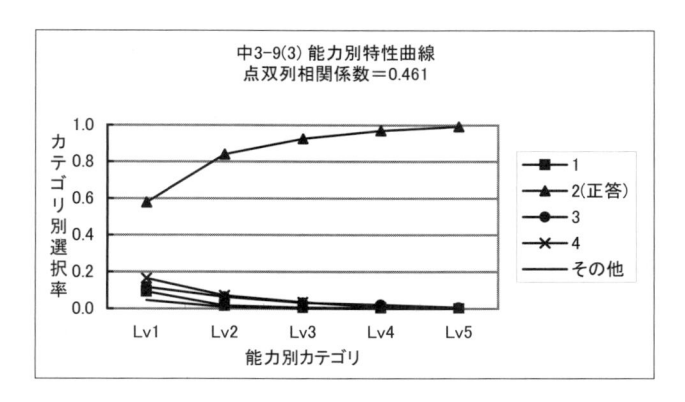

中3-9(3) 能力別特性曲線 点双列相関係数=0.461	中3-9(3) 選択肢選択率
中3-9(4) 能力別特性曲線 点双列相関係数=0.436	中3-9(4) 選択肢選択率
中3-9(5) 能力別特性曲線 点双列相関係数=0.568	中3-9(5) 選択肢選択率
中3-9(6) 能力別特性曲線 点双列相関係数=0.541	中3-9(6) 選択肢選択率

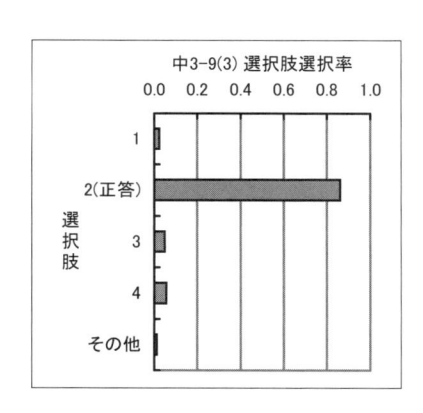

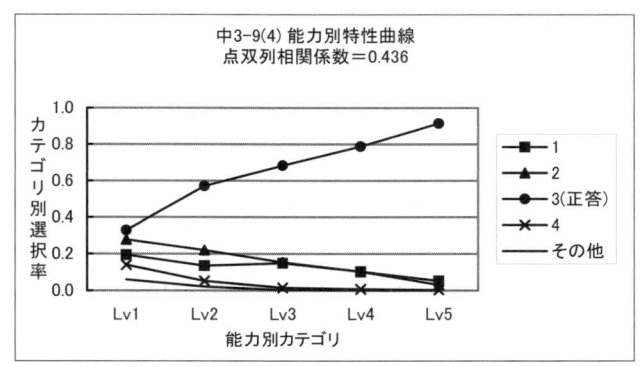

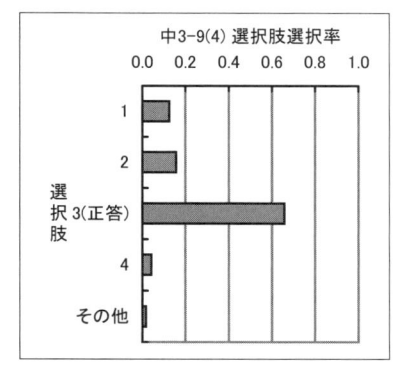

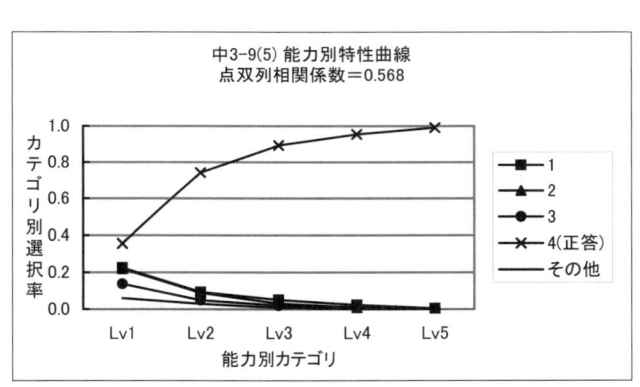

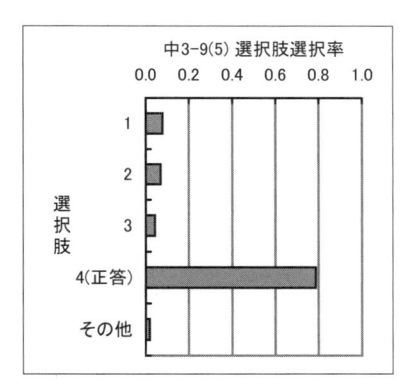

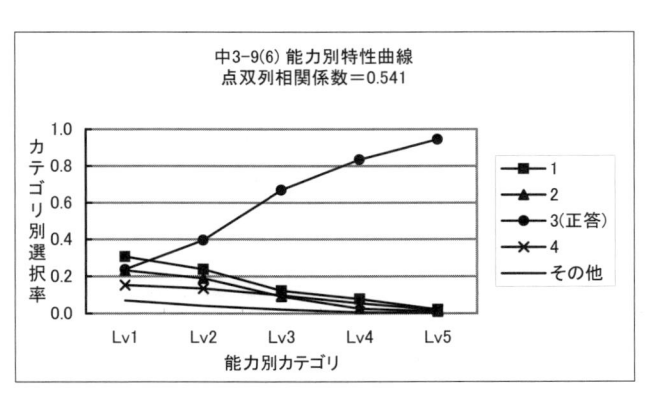

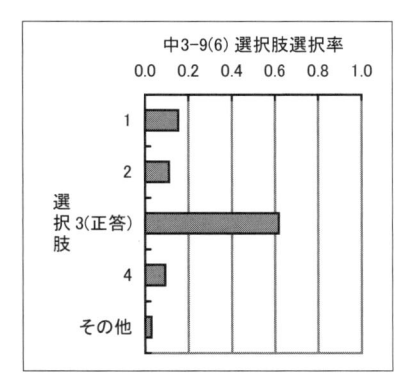

B テスト統計用語解説および分析結果

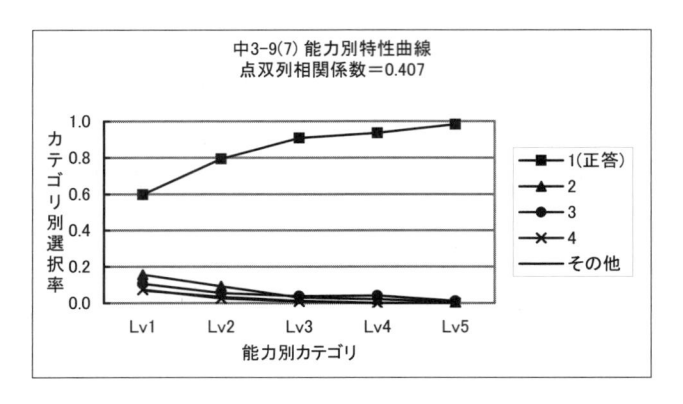

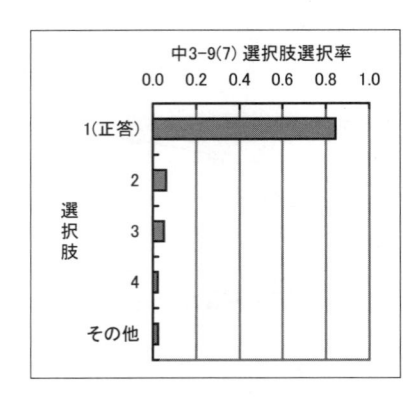

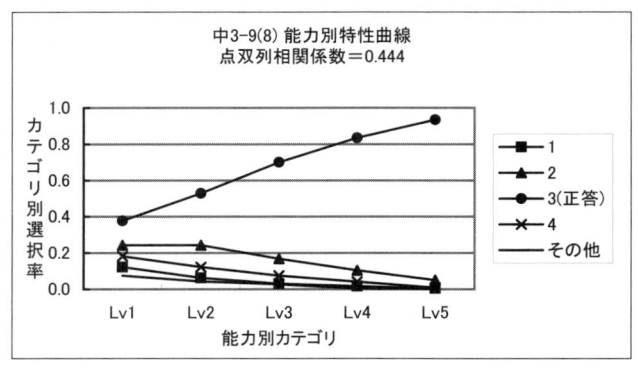

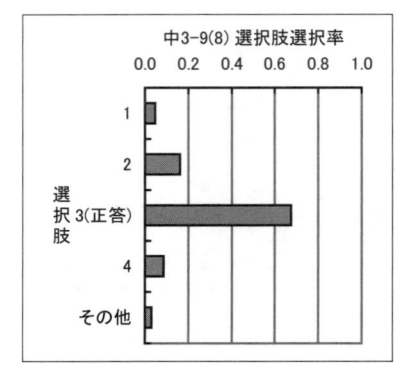

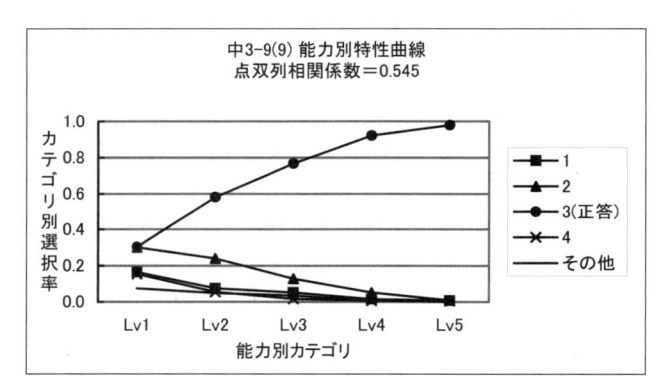

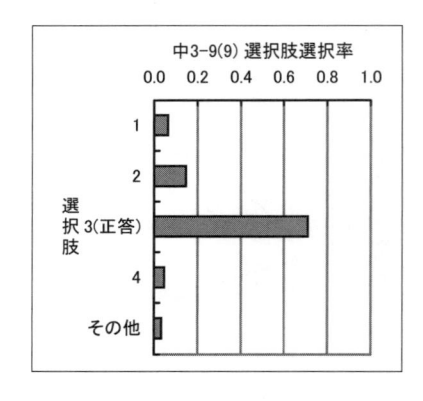

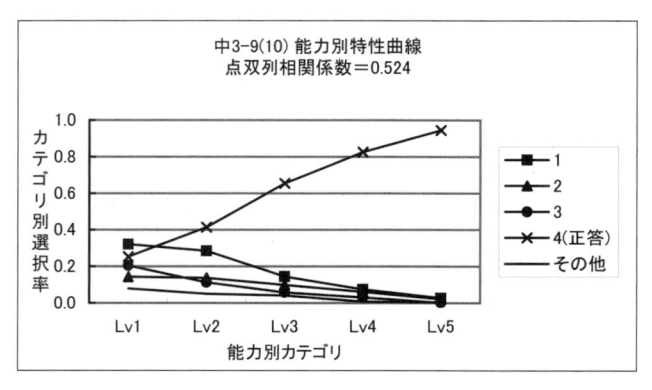

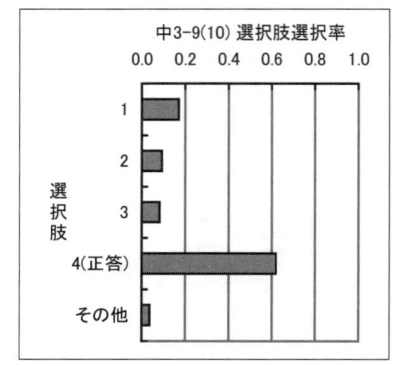

第6章 都中英研英語コミュニケーションテストの分析結果

1(1)	全体	Lv1	Lv2	Lv3	Lv4	Lv5
1	0.012	0.053	0.001	0.001	0.002	0.000
2	0.119	0.227	0.154	0.109	0.075	0.031
3(正答)	0.796	0.516	0.747	0.854	0.898	0.966
4	0.069	0.187	0.096	0.035	0.024	0.002
その他	0.004	0.016	0.001	0.001	0.000	0.000

点双列
0.411

1(2)	全体	Lv1	Lv2	Lv3	Lv4	Lv5
1	0.015	0.056	0.014	0.006	0.000	0.000
2	0.063	0.194	0.081	0.035	0.007	0.000
3	0.037	0.110	0.038	0.023	0.012	0.001
4(正答)	0.879	0.615	0.863	0.935	0.981	0.999
その他	0.006	0.026	0.003	0.001	0.000	0.000

点双列
0.452

1(3)	全体	Lv1	Lv2	Lv3	Lv4	Lv5
1(正答)	0.752	0.426	0.624	0.784	0.940	0.987
2	0.083	0.211	0.128	0.053	0.020	0.001
3	0.083	0.158	0.147	0.086	0.021	0.005
4	0.074	0.177	0.097	0.072	0.019	0.006
その他	0.008	0.028	0.003	0.005	0.001	0.001

点双列
0.487

1(4)	全体	Lv1	Lv2	Lv3	Lv4	Lv5
1(正答)	0.428	0.117	0.215	0.337	0.587	0.885
2	0.020	0.057	0.015	0.010	0.014	0.005
3	0.521	0.753	0.751	0.625	0.374	0.103
4	0.025	0.055	0.016	0.023	0.022	0.007
その他	0.006	0.019	0.003	0.005	0.003	0.000

点双列
0.511

1(5)	全体	Lv1	Lv2	Lv3	Lv4	Lv5
1	0.089	0.226	0.118	0.054	0.035	0.010
2	0.065	0.210	0.057	0.032	0.016	0.009
3(正答)	0.827	0.484	0.814	0.907	0.949	0.980
4	0.014	0.059	0.008	0.005	0.000	0.000
その他	0.005	0.021	0.002	0.001	0.000	0.000

点双列
0.478

2(1)	全体	Lv1	Lv2	Lv3	Lv4	Lv5
1	0.128	0.200	0.153	0.143	0.109	0.036
2	0.058	0.067	0.070	0.060	0.061	0.034
3	0.166	0.299	0.202	0.174	0.100	0.057
4(正答)	0.641	0.419	0.570	0.618	0.727	0.874
その他	0.006	0.015	0.006	0.006	0.002	0.000

点双列
0.322

2(2)	全体	Lv1	Lv2	Lv3	Lv4	Lv5
1	0.160	0.346	0.219	0.145	0.072	0.020
2	0.049	0.097	0.061	0.050	0.024	0.014
3(正答)	0.735	0.459	0.639	0.754	0.869	0.952
4	0.051	0.081	0.078	0.050	0.035	0.014
その他	0.004	0.016	0.002	0.001	0.000	0.000

点双列
0.410

2(3)	全体	Lv1	Lv2	Lv3	Lv4	Lv5
1(正答)	0.770	0.571	0.698	0.789	0.852	0.940
2	0.083	0.146	0.092	0.080	0.066	0.030
3	0.131	0.230	0.197	0.121	0.080	0.028
4	0.013	0.039	0.010	0.009	0.002	0.002
その他	0.003	0.014	0.002	0.001	0.000	0.000

点双列
0.318

2(4)	全体	Lv1	Lv2	Lv3	Lv4	Lv5
1	0.332	0.572	0.456	0.368	0.187	0.077
2	0.249	0.172	0.261	0.273	0.345	0.195
3(正答)	0.220	0.131	0.159	0.175	0.223	0.411
4	0.194	0.109	0.121	0.182	0.244	0.314
その他	0.005	0.016	0.003	0.001	0.002	0.003

点双列
0.212

2(5)	全体	Lv1	Lv2	Lv3	Lv4	Lv5
1	0.228	0.434	0.327	0.188	0.147	0.044
2	0.215	0.166	0.227	0.256	0.245	0.179
3(正答)	0.344	0.117	0.183	0.315	0.415	0.691
4	0.208	0.267	0.260	0.238	0.190	0.085
その他	0.005	0.016	0.002	0.003	0.002	0.001

点双列
0.400

3(1)	全体	Lv1	Lv2	Lv3	Lv4	Lv5
1	0.124	0.251	0.176	0.110	0.061	0.021
2	0.068	0.139	0.070	0.060	0.039	0.030
3(正答)	0.784	0.550	0.729	0.812	0.886	0.942
4	0.021	0.044	0.026	0.016	0.013	0.007
その他	0.003	0.016	0.000	0.001	0.000	0.000

点双列
0.362

3(2)	全体	Lv1	Lv2	Lv3	Lv4	Lv5
1	0.007	0.029	0.003	0.001	0.000	0.000
2(正答)	0.867	0.646	0.831	0.914	0.955	0.990
3	0.105	0.255	0.146	0.074	0.038	0.010
4	0.019	0.057	0.020	0.010	0.007	0.000
その他	0.003	0.013	0.000	0.000	0.000	0.000

点双列
0.396

3(3)	全体	Lv1	Lv2	Lv3	Lv4	Lv5
1(正答)	0.949	0.840	0.958	0.976	0.983	0.986
2	0.011	0.036	0.010	0.003	0.002	0.003
3	0.017	0.060	0.012	0.003	0.003	0.005
4	0.020	0.048	0.017	0.016	0.012	0.006
その他	0.004	0.016	0.002	0.001	0.000	0.000

点双列
0.284

3(4)	全体	Lv1	Lv2	Lv3	Lv4	Lv5
1	0.012	0.043	0.005	0.003	0.005	0.005
2	0.244	0.292	0.295	0.251	0.231	0.150
3	0.011	0.032	0.014	0.006	0.001	0.003
4(正答)	0.729	0.615	0.686	0.739	0.762	0.842
その他	0.004	0.017	0.001	0.000	0.001	0.000

点双列
0.199

3(5)	全体	Lv1	Lv2	Lv3	Lv4	Lv5
1	0.084	0.118	0.095	0.096	0.077	0.031
2	0.061	0.111	0.092	0.049	0.036	0.016
3	0.104	0.175	0.102	0.088	0.093	0.061
4(正答)	0.743	0.567	0.708	0.756	0.795	0.891
その他	0.009	0.028	0.003	0.012	0.000	0.000

点双列 0.261

4(1)	全体	Lv1	Lv2	Lv3	Lv4	Lv5
1	0.034	0.129	0.024	0.009	0.005	0.005
2(正答)	0.876	0.519	0.894	0.979	0.992	0.995
3	0.051	0.194	0.051	0.008	0.001	0.000
4	0.036	0.144	0.030	0.003	0.002	0.000
その他	0.003	0.015	0.000	0.000	0.000	0.000

点双列 0.541

4(2)	全体	Lv1	Lv2	Lv3	Lv4	Lv5
1	0.141	0.316	0.212	0.129	0.041	0.010
2	0.091	0.197	0.104	0.085	0.052	0.015
3	0.156	0.219	0.240	0.202	0.102	0.019
4(正答)	0.603	0.249	0.435	0.574	0.800	0.955
その他	0.009	0.019	0.008	0.012	0.005	0.001

点双列 0.517

4(3)	全体	Lv1	Lv2	Lv3	Lv4	Lv5
1(正答)	0.622	0.259	0.456	0.693	0.811	0.890
2	0.198	0.334	0.296	0.171	0.110	0.080
3	0.097	0.224	0.145	0.070	0.031	0.014
4	0.080	0.167	0.103	0.065	0.046	0.016
その他	0.004	0.016	0.000	0.001	0.001	0.000

点双列 0.484

4(4)	全体	Lv1	Lv2	Lv3	Lv4	Lv5
1(正答)	0.704	0.342	0.579	0.739	0.884	0.976
2	0.095	0.198	0.129	0.096	0.044	0.006
3	0.037	0.095	0.038	0.034	0.009	0.008
4	0.160	0.347	0.251	0.129	0.061	0.010
その他	0.005	0.017	0.003	0.002	0.001	0.000

点双列 0.500

4(5)	全体	Lv1	Lv2	Lv3	Lv4	Lv5
1	0.122	0.271	0.220	0.089	0.023	0.006
2(正答)	0.454	0.201	0.289	0.423	0.575	0.783
3	0.365	0.362	0.415	0.446	0.392	0.209
4	0.055	0.150	0.074	0.039	0.009	0.002
その他	0.004	0.016	0.001	0.002	0.000	0.000

点双列 0.404

5(1)	全体	Lv1	Lv2	Lv3	Lv4	Lv5
1	0.019	0.074	0.013	0.005	0.002	0.002
2(正答)	0.910	0.698	0.926	0.965	0.972	0.990
3	0.015	0.070	0.001	0.002	0.000	0.000
4	0.053	0.144	0.060	0.028	0.026	0.008
その他	0.003	0.014	0.000	0.000	0.000	0.000

点双列 0.390

5(2)	全体	Lv1	Lv2	Lv3	Lv4	Lv5
1	0.050	0.200	0.038	0.009	0.002	0.001
2	0.109	0.235	0.189	0.092	0.022	0.009
3(正答)	0.762	0.319	0.676	0.861	0.968	0.988
4	0.075	0.232	0.095	0.038	0.007	0.001
その他	0.003	0.014	0.001	0.000	0.001	0.000

点双列 0.582

5(3)	全体	Lv1	Lv2	Lv3	Lv4	Lv5
1	0.025	0.097	0.020	0.008	0.000	0.000
2	0.032	0.117	0.035	0.008	0.001	0.001
3(正答)	0.808	0.523	0.767	0.846	0.922	0.984
4	0.129	0.240	0.179	0.136	0.077	0.015
その他	0.005	0.022	0.000	0.002	0.000	0.000

点双列 0.432

5(4)	全体	Lv1	Lv2	Lv3	Lv4	Lv5
1(正答)	0.838	0.543	0.824	0.889	0.947	0.988
2	0.108	0.242	0.147	0.092	0.050	0.010
3	0.019	0.082	0.007	0.005	0.001	0.000
4	0.030	0.110	0.021	0.015	0.002	0.001
その他	0.005	0.022	0.001	0.000	0.000	0.000

点双列 0.453

5(5)	全体	Lv1	Lv2	Lv3	Lv4	Lv5
1	0.156	0.161	0.164	0.156	0.175	0.123
2	0.090	0.133	0.094	0.075	0.092	0.056
3	0.486	0.549	0.642	0.599	0.449	0.189
4(正答)	0.262	0.130	0.099	0.167	0.282	0.631
その他	0.007	0.027	0.002	0.002	0.002	0.001

点双列 0.347

6(1)	全体	Lv1	Lv2	Lv3	Lv4	Lv5
1(正答)	0.654	0.248	0.468	0.713	0.877	0.966
2	0.156	0.289	0.248	0.147	0.073	0.023
3	0.150	0.334	0.241	0.116	0.048	0.009
4	0.036	0.111	0.043	0.023	0.001	0.000
その他	0.004	0.017	0.000	0.001	0.001	0.001

点双列 0.553

6(2)	全体	Lv1	Lv2	Lv3	Lv4	Lv5
1	0.044	0.177	0.034	0.005	0.005	0.000
2	0.066	0.183	0.078	0.034	0.024	0.013
3(正答)	0.792	0.448	0.771	0.891	0.897	0.952
4	0.093	0.172	0.117	0.070	0.074	0.034
その他	0.004	0.020	0.000	0.001	0.000	0.001

点双列 0.448

6(3)	全体	Lv1	Lv2	Lv3	Lv4	Lv5
1	0.056	0.150	0.071	0.037	0.021	0.002
2	0.174	0.271	0.265	0.210	0.103	0.022
3(正答)	0.684	0.367	0.530	0.696	0.852	0.974
4	0.080	0.186	0.132	0.054	0.024	0.001
その他	0.006	0.027	0.002	0.002	0.000	0.000

点双列 0.473

6(4)	全体	Lv1	Lv2	Lv3	Lv4	Lv5
1	0.041	0.145	0.045	0.013	0.001	0.000
2	0.067	0.157	0.071	0.049	0.034	0.027
3(正答)	0.495	0.247	0.340	0.439	0.628	0.824
4	0.391	0.429	0.541	0.499	0.338	0.150
その他	0.005	0.022	0.003	0.000	0.000	0.000

点双列 0.393

6(5)	全体	Lv1	Lv2	Lv3	Lv4	Lv5
1(正答)	0.782	0.392	0.716	0.884	0.934	0.983
2	0.144	0.335	0.219	0.088	0.063	0.014
3	0.023	0.094	0.014	0.006	0.001	0.001
4	0.046	0.154	0.050	0.021	0.002	0.002
その他	0.005	0.024	0.001	0.001	0.000	0.000

点双列 0.533

9(1)	全体	Lv1	Lv2	Lv3	Lv4	Lv5
1	0.075	0.190	0.094	0.052	0.029	0.008
2(正答)	0.782	0.474	0.703	0.845	0.910	0.977
3	0.068	0.157	0.095	0.049	0.030	0.008
4	0.063	0.135	0.093	0.049	0.031	0.006
その他	0.013	0.044	0.015	0.006	0.000	0.001

点双列 0.454

9(2)	全体	Lv1	Lv2	Lv3	Lv4	Lv5
1	0.063	0.151	0.090	0.043	0.023	0.006
2	0.077	0.204	0.106	0.051	0.019	0.005
3(正答)	0.781	0.464	0.696	0.833	0.934	0.980
4	0.068	0.140	0.100	0.072	0.022	0.008
その他	0.011	0.041	0.008	0.001	0.002	0.001

点双列 0.469

9(3)	全体	Lv1	Lv2	Lv3	Lv4	Lv5
1	0.024	0.094	0.016	0.006	0.002	0.000
2(正答)	0.861	0.578	0.839	0.925	0.970	0.993
3	0.048	0.117	0.064	0.032	0.021	0.006
4	0.056	0.166	0.072	0.036	0.007	0.001
その他	0.011	0.045	0.009	0.001	0.000	0.000

点双列 0.461

9(4)	全体	Lv1	Lv2	Lv3	Lv4	Lv5
1	0.126	0.194	0.135	0.148	0.102	0.052
2	0.157	0.278	0.220	0.153	0.102	0.031
3(正答)	0.657	0.329	0.571	0.681	0.788	0.914
4	0.043	0.139	0.052	0.015	0.007	0.002
その他	0.017	0.059	0.022	0.002	0.001	0.000

点双列 0.436

9(5)	全体	Lv1	Lv2	Lv3	Lv4	Lv5
1	0.079	0.226	0.093	0.050	0.023	0.005
2	0.070	0.220	0.088	0.031	0.009	0.002
3	0.044	0.137	0.049	0.020	0.013	0.002
4(正答)	0.787	0.356	0.741	0.892	0.955	0.991
その他	0.019	0.060	0.029	0.007	0.000	0.000

点双列 0.568

9(6)	全体	Lv1	Lv2	Lv3	Lv4	Lv5
1	0.154	0.307	0.238	0.123	0.078	0.022
2	0.110	0.233	0.190	0.092	0.027	0.010
3(正答)	0.616	0.237	0.396	0.667	0.834	0.945
4	0.092	0.153	0.135	0.097	0.056	0.019
その他	0.028	0.070	0.042	0.021	0.006	0.003

点双列 0.541

9(7)	全体	Lv1	Lv2	Lv3	Lv4	Lv5
1(正答)	0.844	0.597	0.794	0.908	0.936	0.983
2	0.061	0.155	0.092	0.031	0.021	0.006
3	0.051	0.106	0.056	0.038	0.042	0.012
4	0.022	0.073	0.026	0.009	0.000	0.000
その他	0.023	0.068	0.034	0.013	0.001	0.000

点双列 0.407

9(8)	全体	Lv1	Lv2	Lv3	Lv4	Lv5
1	0.047	0.122	0.063	0.030	0.017	0.005
2	0.162	0.244	0.242	0.168	0.103	0.051
3(正答)	0.675	0.377	0.529	0.700	0.835	0.934
4	0.086	0.182	0.123	0.074	0.042	0.009
その他	0.030	0.075	0.043	0.028	0.002	0.001

点双列 0.444

9(9)	全体	Lv1	Lv2	Lv3	Lv4	Lv5
1	0.063	0.166	0.074	0.052	0.015	0.008
2	0.146	0.302	0.240	0.129	0.052	0.009
3(正答)	0.710	0.303	0.581	0.767	0.921	0.979
4	0.046	0.154	0.056	0.016	0.006	0.000
その他	0.034	0.075	0.049	0.036	0.006	0.003

点双列 0.545

9(10)	全体	Lv1	Lv2	Lv3	Lv4	Lv5
1	0.171	0.321	0.284	0.146	0.075	0.028
2	0.093	0.144	0.138	0.100	0.061	0.021
3	0.081	0.204	0.114	0.058	0.030	0.001
4(正答)	0.618	0.252	0.414	0.655	0.826	0.945
その他	0.036	0.079	0.050	0.042	0.007	0.005

点双列 0.524

③ 大問別・領域別情報

大問別度数分布

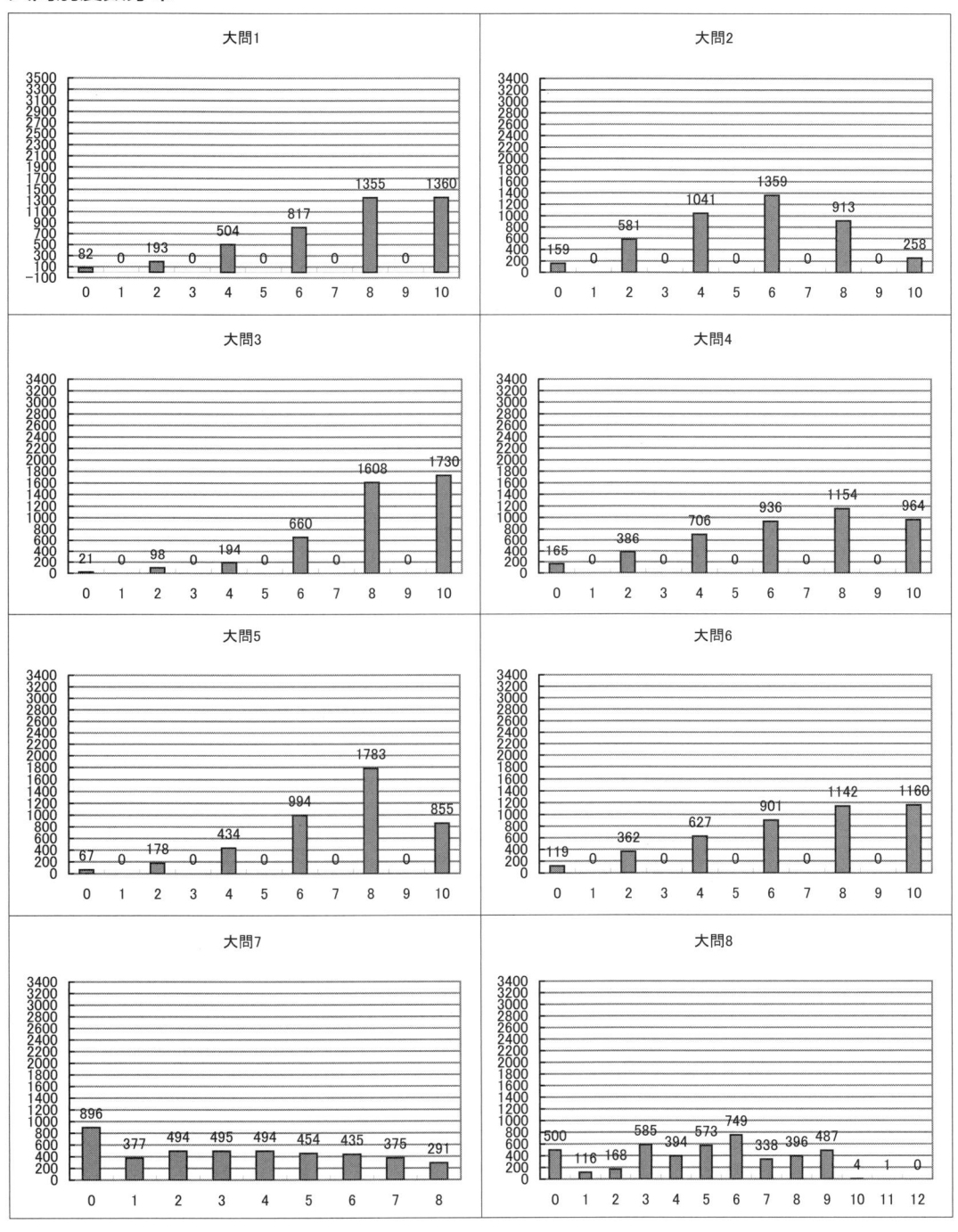

大問1
得点	0	1	2	3	4	5	6	7	8	9	10
度数	82	0	193	0	504	0	817	0	1355	0	1360

大問2
得点	0	1	2	3	4	5	6	7	8	9	10
度数	159	0	581	0	1041	0	1359	0	913	0	258

大問3
得点	0	1	2	3	4	5	6	7	8	9	10
度数	21	0	98	0	194	0	660	0	1608	0	1730

大問4
得点	0	1	2	3	4	5	6	7	8	9	10
度数	165	0	386	0	706	0	936	0	1154	0	964

大問5
得点	0	1	2	3	4	5	6	7	8	9	10
度数	67	0	178	0	434	0	994	0	1783	0	855

大問6
得点	0	1	2	3	4	5	6	7	8	9	10
度数	119	0	362	0	627	0	901	0	1142	0	1160

大問7
得点	0	1	2	3	4	5	6	7	8
度数	896	377	494	495	494	454	435	375	291

大問8
得点	0	1	2	3	4	5	6	7	8	9	10	11	12
度数	500	116	168	585	394	573	749	338	396	487	4	1	0

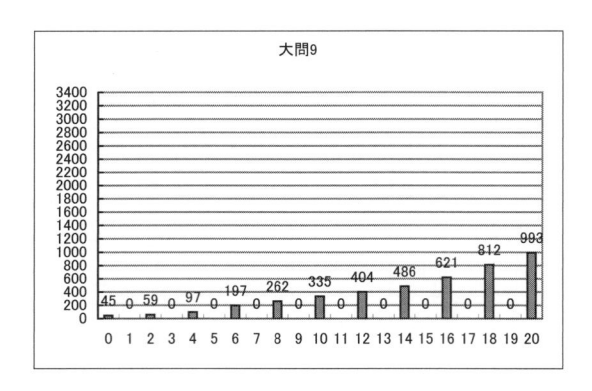

領域別度数分布

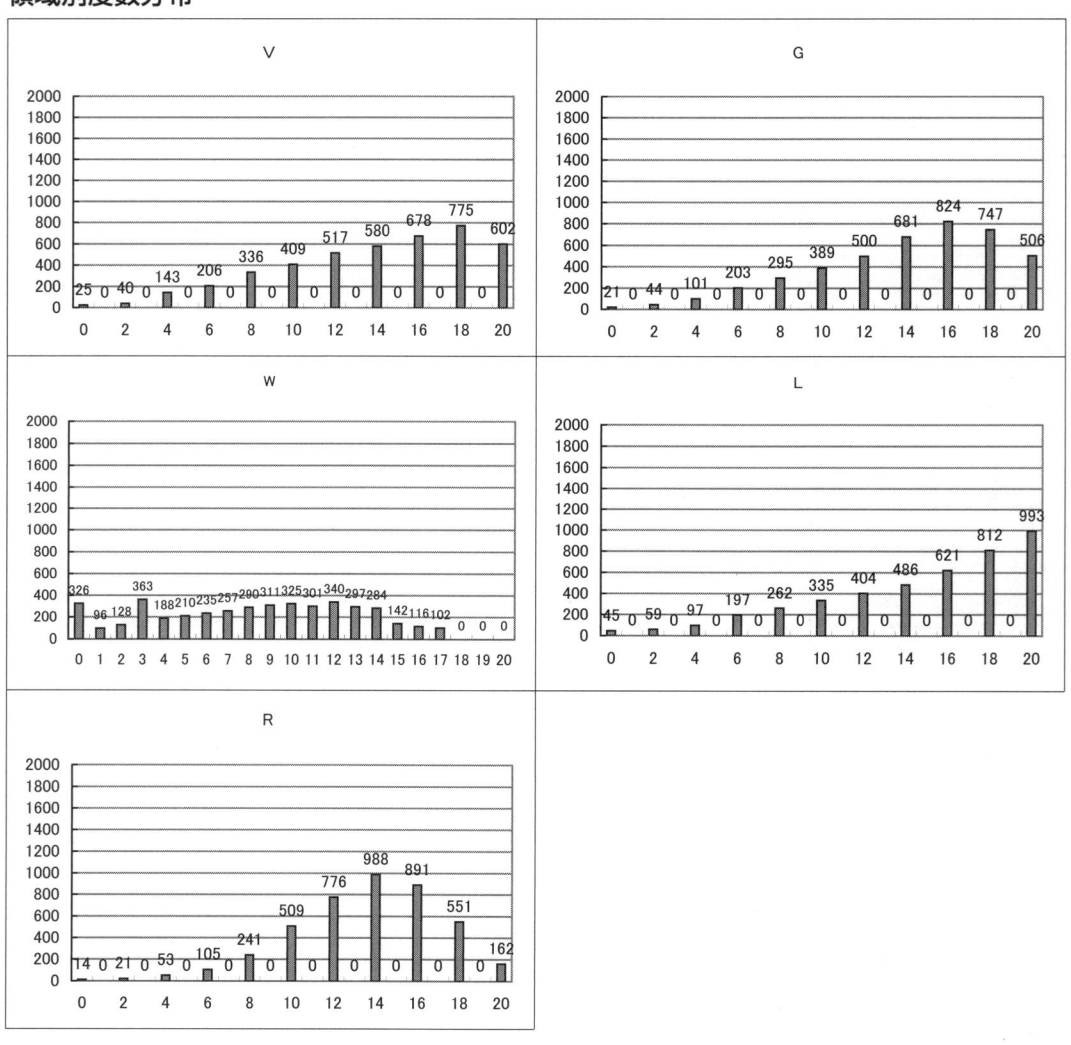

138　第6章　都中英研英語コミュニケーションテストの分析結果

表1. 大問間の相関係数

		大問									
		1	2	3	4	5	6	7	8	9	合計
大問	1	1.000									
	2	0.406	1.000								
	3	0.320	0.287	1.000							
	4	0.569	0.396	0.326	1.000						
	5	0.539	0.366	0.352	0.556	1.000					
	6	0.564	0.382	0.330	0.592	0.576	1.000				
	7	0.586	0.418	0.321	0.623	0.598	0.645	1.000			
	8	0.450	0.320	0.274	0.471	0.460	0.498	0.558	1.000		
	9	0.553	0.413	0.391	0.570	0.554	0.575	0.584	0.488	1.000	
	合計	0.767	0.611	0.525	0.793	0.760	0.801	0.825	0.706	0.712	1.000

表2. 3年生テストの領域別相関行列

相関行列	V	G	W	R	L
V	1.000				
G	0.717	1.000			
W	0.679	0.701	1.000		
R	0.634	0.636	0.606	1.000	
L	0.513	0.502	0.473	0.501	1.000

表3. 固有値(左側)と1因子分析モデルで説明された分散

	初期の固有値			抽出後の負荷量平方和		
因子	合計	分散の%	累積%	合計	分散の%	累積%
1	3.401	68.016	68.016	3.401	68.016	68.016
2	0.594	11.884	79.900			
3	0.408	8.154	88.054			
4	0.319	6.377	94.430			
5	0.278	5.570	100.000			

[因子抽出法:最尤法]

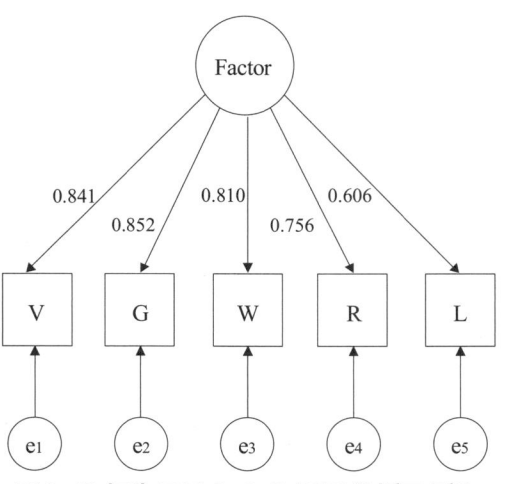

図1. 3年生テストの1因子分析モデル
(CFI = 0.996, RMSEA = 0.045)
(図中の数字は因子負荷量を表す)

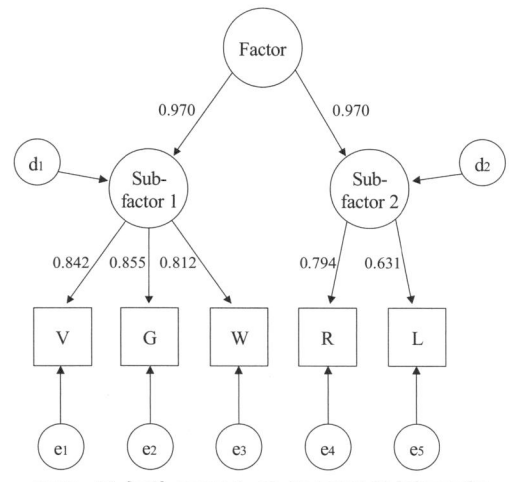

図2. 3年生テストの2因子分析モデル
(CFI = 0.999, RMSEA = 0.005)

C テスト分析結果解説

以下に，テストの分析結果から何が見えてくるのかをできるだけ簡潔に解説する。

まず，目に付くのが信頼性の高さである。信頼性係数とは，「そのテストを何度実施しても同じような結果が出るかどうか」を示す指標で，最高値が1，最低値が0である。0.889という信頼性係数はまずまずの高さであり，そのテスト結果が信頼に足るものであることを示している。

この信頼性係数に関連して，個々のテスト項目（小問）の良し悪しの指標となっているのが，点双列相関係数である。これは，「全体得点の高い生徒」と「全体得点の低い生徒」を，そのテスト項目がどの程度弁別しているかを示している。この数値が0.4を超えているようであれば問題はないが，0.3を下回るようだと改善の余地があるということだ。例えば，大問2の「聞く力（理解の能力）」の問題(4)は点双列相関係数が0.212，大問3の「聞く力（理解の能力）」の問題(4)は点双列相関係数が0.199であり，これらの項目の出来は全体的英語力とはあまり関係がないということがわかる。

問題2(4)では，We'll go to Wellington hotel next. It is 3:45 p.m. now. We will arrive in 15 minutes. Information about the hotel will be given after checking in. という案内を聞いて，ホテルの到着時間を判断することになっている。この問題では，現在の時刻（3時45分）とホテルへの到着に要する時間（15分）から，到着時間（4時）を判断しなければならない。この問題は，正答率も0.220と最も低く，難しい問題であったために，弁別力がなくなってしまったものと思われる。一般に，このような計算作業を含むような聞き取り問題は，弁別力が低くなる傾向がある。

問題3(4)の会話では，子どもが自分のテスト結果がよくなかったことを母親に報告しているが，最後にテスト勉強自体はしたが，間違ったところを勉強したというのが会話の「オチ」となっている。これに対して，問題では，「成績があまりよくなかったこと」がわかればよく，その理由そのものが何かは問われていない。「成績がよくなかった」ということ自体は，I didn't do very well. や It was, ur…terrible. とあるように，わかりやすい文で繰り返し述べられているので，能力の高くない生徒でも問題に容易に正解してしまい，能力を弁別することができなかったと思われる。なお，点双列相関係数の低い項目は，全体のなかではごくわずかであった。

また，因子分析の結果から，このテストが測定している能力は，1つの統合的な能力であるということを示している。ただし，より詳しく分析してみると，「語彙・文法・ライティング」と「リーディング・リスニング」という2つの能力を測定していると見ることもできる。前者はいわゆる「発表技能（あるいは，言語知識）」に関わり，後者は「受容技能（あるいは，言語運用）」に関わる能力ともいえよう。これは受験者の側からいえば，「発表技能」が不得意でも「受容技能」は得意（あるいは，その逆）というケースがあるということである。

最後に，大問別度数分布を見てみる。ここで特徴的なのがライティング問題（大問7・8）の得点が，他の領域と比して平均点も低く，また，広く分布していることである。特に0点（無答を含む）の受験者の割合は，他の技能の大問に比してかなり多く，大問7では5分の1近くの受験者が0点となっている。このことは，英語を書くことにおいては，かなりの能力差があるということを示している。

D 過去の項目分析例（こういうテスト項目は問題だ－項目分析の結果から）

　ここでは，テストの項目分析の一端をご紹介する。これまで挙げてきたようなテスト統計の分析結果から，どのような項目が問題であったのかを考えてみる。テスト統計による項目分析では，主観的なテスト問題の検討では見つからないような問題点が見えてくることがある。ただ，その一方で，データ上問題であっても，テスト項目として何が問題なのか明確な原因が追及できないこともあるのも事実である。

［1］リスニングのテスト

① 平成16年度 3学年 大問2(2)　点双列相関係数 0.193　正答率 0.565

【問題】
　あなたは，様々な場面で話されるいろいろな英語の放送を聞いています。それぞれ，どんなことについての内容ですか。①～④の中から選び，番号で答えなさい。なお，放送は1回読まれます。

(2)デパートで
　　① 今月の催しもののお知らせ
　　② パンの焼き上がりのお知らせ
　　③ タイムサービスのお知らせ
　　④ レストラン街の紹介

▶Script◀
　Thank you very much for coming to Heiwa Department Store today. We have 'World Bread Festival' in the first basement. It's a special event this month. There are many kinds of bread and they will make you happy. We are waiting for you there. Thank you.

【分析】
　この問題(2)の点双列相関係数は0.193であり，この項目の出来は全体得点とはあまり関係がないということがわかる。受験者レベル別選択肢選択率を見てみると，正解選択肢の「①今月の催しもののお知らせ」を選択している受験者は，最上位のレベルを除けば，誤答の選択肢の「②パン焼き上がりのお知らせ」を選択している受験者とほぼ同数である。確かにこのメッセージは「パンの催しもののお知らせ」であり，「パンの焼き上がり」を知らせているわけではないのであるが，We are waiting for you there. あたりから受験者の多くは「パンの焼き上がりのお知らせ」ととってしまったのかもしれない。このテストの受験者に対しては，このような選択肢はあいまいであり，その選択肢を含むテスト項目の弁別力は下がってしまったと思われる。

② 平成17年度 3学年 大問2(4)　点双列相関係数 0.212　正答率 0.220

【問題】
　晴美さんはニュージーランドにホームステイをしています。休日を利用してホスト

ファミリーと1泊2日のバス旅行に出かけることになりました。観光バスのバスガイドのアナウンスを聞き、それぞれ正しいものを①～④の中から1つ選び、その番号を答えなさい。英文はそれぞれ2回読まれます。

(4) ホテルへの到着予定時刻は
　　① 午後3時45分
　　② 午後3時50分
　　③ 午後4時00分
　　④ 午後4時35分

▶Script◀
(4) We'll go to Wellington hotel next. It is 3:45 p.m. now. We will arrive in 15 minutes. Information about the hotel will be given after checking in.

【分析】
　この問題(4)の点双列相関係数は0.212であり、この項目の出来は全体得点とはあまり関係がないということがわかる。この問題では、現在の時刻とホテルへの到着に要する時間から、到着時間を判断しなければならない。このように狭い意味での英語力とは関係のない「計算」などという作業が絡んでくると、弁別力を下げることになる。また、この問題は、正答率も0.220と最も低く、難しい問題であったことも、低い弁別力につながったものと思われる。

③ 平成17年度　3学年　大問3(4)　点双列相関係数 0.199　正答率 0.729

【問題】
　夕食時のビリーとお母さんの会話を聞いて、その会話の内容を①～④の中から1つ選び、その番号を答えなさい。

ビリーの理科の
①成績が良かったこと
②勉強時間不足
③先生がほめてくれたこと
④成績があまりよくなかった理由
について。

▶Script◀
Mom: How did you do on your science test?
Billy: I didn't do very well. My science teacher said, "Study more."
Mom: What do you mean, Billy?
Billy: It was, ur…terrible.
Mom: Really? But you studied science so hard for that test!
Billy: Mom…I studied the wrong part.
Mom: Oh, no!

【分析】
　この問題(4)の点双列相関係数は 0.199 であり，これらの項目の出来は全体得点とはあまり関係がないということがわかる。この会話では，子どもが自分のテスト結果がよくなかったことを母親に報告しているが，最後にテスト勉強自体はしたが，間違ったところを勉強したというのが会話の「オチ」となっている。これに対して，問題では，「成績があまりよくなかった理由」を話していることがわかればよく，その理由そのものが何かは問われていない。このため，能力の高くない生徒でも問題に容易に正解してしまい，能力を弁別することができなかったと思われる。こうしたことが，正答率が高く，点双列相関係数の低い原因と思われる。いわゆる「ちょっと聞いただけでもわかってしまう問題」の弁別力は低いことがわかる。もちろん，「正しく聞き取れていなくても」，常識などで正解を得られてしまう問題の弁別力も低くなる。

[2] 語彙のテスト

平成15年度　2学年　大問2④　点双列相関係数 0.075　正答率 0.195

【問題】
Ben の母：He'll be back (　) an hour.
　　① with　　② in　　③ at　　④ on

【分析】
　これは，ある文脈の中にある語彙問題である。正答率の低さもさることながら，点双列相関係数の低さが際立っている。この問題では，能力の高い受験者が③を選んでしまっている。これは，おそらく，「時間には前置詞の at を付ける」という知識を能力の高い受験者が持っていたからであろう。ここで問われている前置詞の in の用法（「～後に」の意味）は，ほとんどの受験者が未習で，弁別力を持たなかったと考えられる。

[3] 文法のテスト

① 平成12年度　3学年　大問3③　点双列相関係数 0.048　正答率 0.263

【問題】
Mr. Saito ア wants イ a big house ウ with his family エ．(to live)

【分析】
　この項目は to live を入れる位置を判断する問題である。この項目の問うている知識自体には問題はないが，want to という組み合わせが指導上で強調されるために，能力の高い受験者もイの選択肢に流れて，そのためにあまりにも低い点双列相関係数 0.048 となってしまったと考えられる。また，このような名詞の不定詞による後置修飾の定着率の悪さは，さまざまな調査から明らかになっている。この問題でも，正答率は 0.263 と低く，この数字は当てずっぽうでの正解率である 0.25 とほぼ同じとなっている。このことから，この知識は，この段階での学習者の弁別にはふさわしくないことがわかる。

② 平成12年度　2学年　大問3②　点双列相関係数 0.250　正答率 0.523

【問題】
The　ア　flowers in　イ　this　ウ　garden are　エ．（beautiful）

【分析】
　この項目も上と同様の問題である。この点双列相関係数は 0.250 と高いとはいえない。この原因として考えられるのは，能力の高い学習者においても，beautiful と flowers のコロケーションがあまりにも強いために，アを選択してしまった受験者が多いという可能性が考えられる。また，名詞句が後置修飾（ここでは，前置詞句 in the garden による名詞句 the flowers の修飾）されて，主語となるという文型が中学生にあまりなじみがないということも，原因の1つかもしれない。

③ 平成18年度　2学年　大問5⑴　点双列相関係数 0.410　正答率 0.244

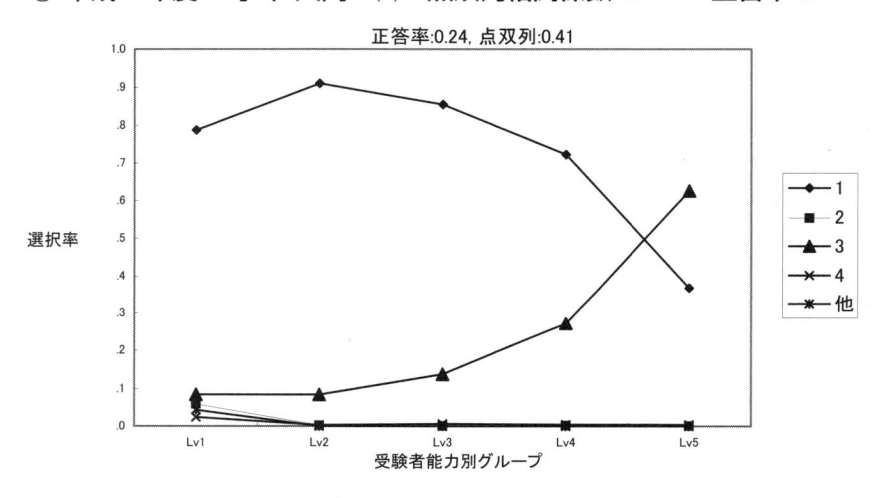

【問題】
A: What（ア　like　イ　you　ウ　do　エ　sport）？
B: Baseball.

【分析】
　この語順を問う問題は，点双列相関係数は 0.410 と高いが，正答率は 0.244 とかなり低い。「GP（Good-Poor）分析情報＜グラフ：受験者レベル別選択肢選択率＞」を見ると，レベル5の受験者群は，正解選択肢を選んでいる受験者が多いものの，それ以下の受験者群は4分の3近くが①の選択肢 What do you like sport? を選んでいることがわかる。このことは，What sport do you like? というような文型の習得率の低さと，その習得が2年の上位者にならないと実現しないということがわかる。この手の項目は，弁別力はあるが，正答率はかなり低くなるということを認識しておくとよいだろう。

【参考文献】

Alderson, J. C. and North, B. (1991). *Language Testing in the 1990s: the Communicative Legacy (Developments in English Language Teaching)*. Macmillan Education Ltd.

Carroll, B. J. (1980). *Testing Communicative Performance: An Interim Study*. Janus Book Pub/Alemany Pr.

Heaton, J. B. (1988). *Writing English Language Tests*. 2nd edition. Longman.

Hughes, A. (2003). *Testing for Language Teachers*. 2nd edition. CUP.

Porter, D. and Roberts, J. (1981). "Authentic listening activities." *ELT Journal* Vol. 36/1.

Rea Dickins, P. M. (1995). "What makes a grammar test communicative?" In Alderson, C. and North, B. (eds) *Language Testing in the 1990s*. Hertfordshire: Macmillan Publishers Ltd.

J. B. ヒートン（1992）『コミュニカティブ・テスティング』研究社
梶田叡一（2002）『教育評価』〔第2版補訂版〕有斐閣
金谷憲編著（2003）『英語教育評価論』河源社
国立教育政策研究所教育課程研究センター（2002）『評価規準の作成，評価方法の工夫改善のための参考資料（中学校）—評価規準，評価方法等の研究開発（報告）—』国立教育政策研究所
靜哲人（2002）『英語テスト作成の達人マニュアル』大修館書店
根岸雅史（1993）『テストの作り方』研究社
根岸雅史（2001）「英語文法問題に対する受験者の情意的反応および言語使用実感に関する実証的研究」『語学教育研究所紀要』第15号，pp. 15-43
根岸雅史監修（2003）『単元別プリント観点別評価英語』正進社
本多敏幸（2003）『到達目標に向けての指導と評価』教育出版
平田和人（2003）『中学校英語科絶対評価の方法と実際』明治図書出版
松沢伸二（2002）『英語教師のための新しい評価法』大修館書店
若林俊輔・根岸雅史（1993）『無責任なテストが「落ちこぼれ」を作る』大修館書店

University of Cambridge ESOL Examinations
　http://www.cambridgeesol.org/index.htm
株式会社教育測定研究所
　http://www.jiem.co.jp/

おわりに

　コミュニカティブ・テスティングのメリットは，いくつか挙げることができるだろう。ひとつは，なんといっても生徒が「おもしろい」と思ってくれることである。それから，生徒が英語を実際に使っているような感覚をテストの中で経験できることだ。また，テスト結果が実際の言語使用の能力を反映していると考えられるということも大きい。

　ただ，コミュニカティブ・テスティングには，残された課題もある。それは，まずどこまでが私たちが見ようとしている「英語力」かという問題である。コミュニカティブ・テスティングでは，現実の生活におけるパフォーマンスを見ようとしている。しかし，それは「現実の生活」の中にあるわけであるから，「英語力」だけが独立して存在しているわけではない。「計算」したり，「(常識的に) 判断」したりという，いわゆる狭い意味での「英語力」以外の能力が関わってくるのである。これらの能力も含めて「英語力」としてみるかどうかというと意見が分かれたりするかもしれない。また，これに関連して，コミュニカティブ・テスティングでは，信頼性が問題となることもある。いわゆる「英語力」以外の能力が関わってくると，テスト結果はやや不安定になる。さらに，コミュニカティブ・テスティングでは，指示文の中に，よく「あなたは〜しています」とか，「あなたは〜に来ています」などの文言が含まれることがある。しかし，このような自分の現実の役割とは異なった役割を演じることは，誰にとっても容易にできるわけではないだろう。

　「コミュニカティブ・テスティング」における問題作りは，クリエイティブな作業である。そして，この作業を成功させるには，日々のさまざまな努力が重要である。まず，良いタスクを思いつくには，「生徒は英語でどんなタスクをしているか」ということを常に意識していなければならない。また，生徒が英語で何らかのタスクを遂行する可能性の低さを考えれば，「日本語」でどんな言語活動をしているかということも視野に入れておくべきだろう。その意味では，生徒の「生活全般」にアンテナを張っておく必要がある。

　また，本当の意味でのおもしろい，コミュニカティブな問題を作るためには，問題作成者としての教師自身が，日常的に英語をコミュニケーションのために使っている必要がある。英語の授業のためでなく，自分自身のために，英語を読んだり，聞いたり，話したり，書いたりしていることが重要である。英語のレシピを読んで実際に料理をしたとか，誰かに手紙を書いて返事をもらったというような経験が大事なのである。さもなければ，本物らしい英語を書いたり話したりすることはできないだろう。また，良いタスクも思いつかない。

　都中英研の「英語コミュニケーションテスト」は，「コミュニカティブ・テスティング」として完成したわけではない。まだまだ挑戦は続くのである。そのために，本書のタイトルは「コミュニカティブ・テスティングへの挑戦」とした。今後の私たちの挑戦を見守っていただければ幸いである。

2007 年 3 月
根岸雅史

テストが変われば生徒が輝く

　定期テストの答案を返却するときに，ある生徒に「先生のテストは，おもしろいよ。英語を使っているなって感じがする」と言われたことがあります。その生徒の顔に明るさと意欲を感じることができました。授業を反映するテスト，そしてテストを生かす授業，いわゆる指導と評価の一体化を目指してこそテストの意義があります。例えば，授業で力を入れて指導したことをテストではあまり出題せず，問題集にあるような問題ばかりでは，生徒は授業を軽視するようになるでしょう。授業は基礎基本としての知識の定着や技能の習熟と，コミュニケーションへの意欲や表現力・思考力の育成をねらいとします。テストも同様です。学習者が授業での活動を熱心にやっていたから，この問題は解けたんだ，という自信を持てる問題を作ることが，教授者の義務ではないでしょうか。「テストと授業は表裏一体」と考えるとき，テスト作りは生徒と先生との心のコミュニケーションの場となり，信頼関係もさらに深められます。

　都中英研の問題作成の歴史でも，過去の問題を踏襲しマンネリ化した時期がありました。しかし言語活動中心の授業が主流になっていく中，授業と問題にずれが出て，その矛盾への強い危機感が生じました。そして平成6年より調査部では問題改革を始めたのです。大学から故若林俊輔先生，金谷憲先生，故田辺洋二先生，羽鳥博愛先生，根岸雅史先生を講師にお呼びし，理論と実践の両面からの改善にご指導をいただきました。特に平成10年度から根岸雅史先生には理論的にも，問題作成段階でも具体的なご指導をいただきました。今日の問題作成マニュアルが整い，コミュニカティブテストへの変身ができたことは，部員の熱意と工夫の上に，先生のご指導があったからです。言葉では言い尽くせないほどの感謝を捧げたいと思います。

　一人でも多くの現場の先生方に，本書を活用し，コミュニカティブなテスト作りに挑戦していただきたいと願っています。テスト作りを少し視点を変えることで，また，ねらいをコミュニケーションに明確におくことで，先生方のテストが変わります。テストが変われば，生徒の授業への取り組みが変わります。スパイラル効果です。より良い授業作りのため，英語教育向上のために，テストが生きることが本書の究極の目的です。

　毎年，都中英研は問題作成に奮闘しています。調査部員の熱い思いと革新的な工夫が，本書に紹介できた良問事例を生み，コミュニカティブ・テスティングの流れを支えてくれていることを報告します。これからも全員が「コミュニケーション能力を育み，授業を生かすテスト」という基本に心をひとつにして，問題作りをさらに改善・発展させるよう願っています。

　最後に本書を刊行するに当たり，根岸雅史先生はじめ都中英研・調査部員，特に廣田幸男，安原美代，重松靖，門松裕之，本多敏幸の各諸氏，および三省堂の富岡次男氏，藤田理子氏のご尽力をいただきましたことに深く感謝申し上げます。

　さらに，都中英研・調査部の英語コミュニケーションテストの実施をご希望される方は，下記にご連絡ください。都内はもちろん，他県からでも参加できます。
　［東京都中学校英語教育研究会］　　E-mail: webmaster@chueiken-tokyo.org

東京都中学校英語教育研究会調査部担当副会長　山本展子

索引

あ
相づち　9, 74

い
因子分析　139, 140
印象主義的採点（impressionistc scoring）　66
インタビュアー（interviewer）　64, 65
インタビュイー（interviewee）　64
インタビュー　5, 64, 65, 68, 78, 82
インタビュー・テスト　5, 63, 64, 65, 78

え
SN 比　115
絵の描写　65, 72

お
オーセンティックなスクリプト　9
オーセンティックなタスク　8, 20, 21, 27
オーセンティックなテキスト　21
オーセンティックな問題　21
音声言語による理解　61

か
概要理解　10, 12, 13, 24, 28, 32
書き換え（adaptation）　7
書く目的　34
紙と鉛筆によるテスト（paper-and-pencil test）　2
観察評価　63
間接的テスト　85
感嘆詞　9
間投詞　9
学習指導要領　58

き
聞く力　10, 12, 14, 15, 16, 18, 82, 91, 92, 140
機能語　55, 58

く
空所補充問題　3, 83, 84

け
言語運用　140
言語形式　65
言語知識　84, 140
言語の使用場面　58
言語の知識・理解　51, 56, 59, 61, 82, 90, 93, 94, 95
減点法　34

こ
語彙のテスト　55, 56
語彙力　56, 59, 61, 82, 90, 93
口頭並べ替えテスト　64
項目応答理論　88
項目数　3, 84, 85, 113, 115
項目分析　88, 112, 141
ごった煮問題　83
個評　111
コミュニカティブ・アプローチ　6
コミュニカティブ・テスティング　2, 6, 7, 8, 20, 23, 30, 34, 35, 50, 55, 58, 65, 80
コミュニケーションへの関心・意欲・態度　85, 111

さ
最小　114
最大　114
採点　3, 4, 5, 34, 35, 37, 39, 41, 43, 63, 65, 66, 67, 88, 106, 107
採点基準　4, 34, 37, 39, 41, 43, 45, 47, 49, 82, 105
採点規準　105, 106
採点者間信頼性　4
採点者信頼性　4
採点者内信頼性　4
散布図　115, 120

し
GP（Good-Poor）分析　112, 115, 120
実質選択肢数　113
実用性（practicality）　2, 5

指導目標　66, 67, 80, 82, 84
修学能力試験　20, 86
熟達度テスト（proficiency test）　82
受験者数　8, 21, 112, 113, 115
受容技能　140
状況　2, 5, 7, 11, 13, 17, 19, 53, 55, 60, 62, 92, 102, 111
条件指定　34, 36, 49, 105
詳細理解　14, 16, 18, 22, 23, 31
信頼性（reliability）　2, 3, 4, 35, 66, 67, 85, 114, 140
信頼性係数　114, 115, 140

す
スタイル　21
スピーキング・テスト　5, 63, 64, 65, 66, 67, 68

せ
正解　4, 20, 37, 81, 83, 86, 87, 112, 113, 115, 116, 140, 141, 143, 144
正答率　80, 112, 113, 115, 120, 140, 141, 142, 143, 144
設計図　81, 82
絶対評価　63, 80, 82, 83, 84, 85, 111
選択肢　4, 6, 8, 17, 20, 21, 50, 53, 55, 58, 86, 87, 112, 113, 115, 116, 141, 143, 144
選択肢選択率　115, 116, 141, 144
選択肢の長さ　86
全体的採点（holistic scoring）　34, 35, 66
尖度　114
線引き　80, 81

そ
相関行列　139
相関係数　112, 116, 139
総合問題　83, 84
双列　112, 113, 115
双列相関係数　112, 113, 116
即興スピーチ　70

た
対話文　58, 60, 62
多肢選択式　3, 4, 5, 8, 17, 21, 81, 86, 87

タスク　6, 7, 8, 9, 11, 13, 15, 17, 19, 20, 21, 23, 27, 30, 33, 35, 63, 64, 65, 66, 67, 76, 77
タスクのオーセンティシティー　7
妥当性（validity）　2, 3, 85
楽しみのために読む（reading for pleasure）　20

ち
チャット　74
中央値　114
直接的測定　85

て
定期試験　6, 21, 67, 80, 82, 83, 84, 85
適語選択問題　84
テキスト・タイプ　7, 21, 34
テキストのオーセンティシティー　7, 23
テスティング・ポイント　3, 20, 53, 82, 83, 84, 86, 87
テスト項目（小問）　3, 4, 20, 81, 82, 84, 85, 88, 112, 140, 141
テスト細目（test specifications）　81
テスト・デザイン（test design）　81, 82
テスト方法の影響（method effect）　3
天井・床効果　112, 113
点双列相関係数　112, 113, 115, 116, 120, 140, 141, 142, 143, 144

と
到達度テスト（achievement test）　80
到達目標　80, 83
度数分布　117, 137, 138, 140
トピック　21, 34, 43, 45, 47, 70, 74, 106, 107, 110
トピック指定　34, 38, 40, 42, 43, 44, 46, 48

な
内容語　55, 58
並べ換え問題　50, 84

は
波及効果（backwash effect）　2, 4, 5, 84
発音　2, 3, 66, 67, 84, 85, 99
発表技能　85, 140

場面　6, 7, 8, 9, 11, 15, 17, 20, 27, 30, 41, 55, 58, 60, 62, 64, 76, 141
バンド　66

ひ
評価基準　65, 66, 67, 69, 71, 73, 75, 77, 79
表現の能力　36, 38, 40, 42, 44, 46, 48, 80, 82, 85, 96, 97
標準誤差　115
標準偏差　114, 115

ふ
フィードバック　66, 111
フォント　21
分散　113, 114, 139
文書構成　25
分析的採点（analitic scoring）　34, 35, 66
文復唱テスト（sentence repetition test）　63, 64, 65
文法的正確さ　66, 67
文法のテスト　50, 51, 55
文法力　51, 82, 94, 95
文脈　7, 49, 50, 53, 55, 64, 143

へ
平均　85, 111, 113, 114, 115, 118, 140
平均正答率　115
偏差値　111, 119
弁別力　3, 4, 140, 141, 142, 143, 144

ま
間を取る言葉　19

み
見た目のチェック　86

も
目標設定　80
文字言語による理解　56, 59
問題間の相互依存　20
問題同士の依存　85, 86

問題のタイトル　82, 83

や
役割（role）　64, 74, 81, 113

よ
呼びかけ　9, 19
読み手　21, 23, 27, 30, 33, 34, 37, 39, 41, 43, 45, 47, 49
読む力　22, 24, 25, 26, 28, 31, 32, 82, 98
読む目的　20

ら
ライティング・テスト　3, 4, 34, 55

り
リーディング・テスト　20, 21, 27, 55
理解の能力　10, 12, 14, 16, 18, 22, 24, 25, 26, 28, 31, 32, 80, 82, 84, 85, 91, 92, 98, 111, 140
リスニング・テスト　4, 8, 9

れ
レイアウト　21, 23

ろ
ロール・プレイ　64, 76

わ
歪度　114

descriptor（記述文）　35
display question　65
distractors（錯乱肢）　53
holistic-universal view　66
impromptu speech（即興スピーチ）　70
prepared speech　70
referential question　65
short context technique　20, 33

【編著者略歴】

根岸雅史（ねぎしまさし）
　埼玉県生まれ。東京外国語大学外国語学部英米語学科卒業。東京学芸大学大学院修士課程教育学研究科英語教育専攻修了。レディング大学大学院修士課程言語学研究科応用言語学専攻修了。同大学より博士号取得。埼玉県立熊谷女子高等学校講師，小山工業高等専門学校講師を経て，現在，東京外国語大学大学院地域文化研究科言語教育学講座教授。主な著書に，『テストの作り方』（研究社出版），『無責任なテストが「落ちこぼれ」を作る』（大修館書店），『英語なるほどQ&A』（NHK出版）。専門は，英語教育学，特に，言語テスト。

東京都中学校英語教育研究会（とうきょうとちゅうがっこうえいごきょういくけんきゅうかい）
　調査部は都中英研の組織の一部会で，発足当時は英語教育の調査研究が目的であったが，後に研究部と調査部に分かれたという経緯がある。調査部は主に学力の調査を担当し，50年間2・3年生を対象に，東京都全域において希望校にテストを実施してきた。問題内容は到達度を測る標準的な問題から，コミュニケーション能力を測るねらいの問題へとの変遷があった。その取り組みに対して，平成12年，語学教育研究所より「外国語教育研究奨励賞」を授与される。近年では，約1万人の生徒の参加がある。
　例年，6月から始めて10回ほどの部会で問題作成検討を行い，10月にテストを実施している。その後，結果分析・報告書作成という活動を行っている。
　　HP: http://chueiken-tokyo.org/　　E-mail: webmaster@chueiken-tokyo.org

【東京都中学校英語教育研究会調査部名簿一覧】

[平成10年度]
部　長　山本　展子　　江東区立東陽中学校教頭
副部長　廣田　幸男　　豊島区立千川中学校教頭
　　　　山本恵美子　　大田区立大森第四中学校教頭
　　　　飯島　光正　　豊島区立西巣鴨中学校教頭
　　　　鬼原　芳枝　　江東区立南砂中学校教頭
部　員　長田　健二　　千代田区立麹町中学校教諭
　　　　井村　哲也　　千代田区立九段中学校教諭
　　　　牛島　順子　　港区立赤坂中学校教諭
　　　　西貝　裕武　　江東区立深川第三中学校教諭
　　　　門松　裕之　　墨田区立両国中学校教諭
　　　　小寺　令子　　墨田区立本所中学校教諭
　　　　高山　早苗　　大田区立雪谷中学校教諭
　　　　今江　三郎　　大田区立六郷中学校教諭
　　　　本多　敏幸　　世田谷区立池尻中学校教諭
　　　　関　　実　　　世田谷区立奥沢中学校教諭
　　　　木村　弘恵　　世田谷区立桜木中学校教諭
　　　　岩崎　恵子　　杉並区立高井戸中学校教諭
　　　　重松　靖　　　小平市立上水中学校教諭
　　　　萩原　かよ　　八王子市立第五中学校教諭
　　　　安原　美代　　八王子市立横川中学校教諭
　　　　太田　洋　　　東京学芸大学附属世田谷中学校教諭
顧　問　宗方　隆三　　港区立港陽中学校長
　　　　　　　　　　　（都中英研会長）
講　師　根岸　雅史　　東京外国語大学助教授

[平成11年度]
部　長　鬼原　芳枝　　江戸川区立鹿本中学校長
副部長　山本　展子　　江東区立東陽中学校教頭
　　　　廣田　幸男　　豊島区立千川中学校教頭
　　　　山本恵美子　　大田区立大森第四中学校教頭
　　　　飯島　光正　　豊島区立西巣鴨中学校教頭
　　　　安原　美代　　府中市立府中第二中学校教頭
部　員　長田　健二　　千代田区立麹町中学校教諭
　　　　山口　直美　　港区立赤坂中学校教諭
　　　　関　　実　　　新宿区立落合中学校教諭
　　　　小椋由紀子　　墨田区立両国中学校教諭
　　　　小寺　令子　　墨田区立本所中学校教諭
　　　　白川智恵子　　墨田区立本所中学校教諭
　　　　門松　裕之　　墨田区立文花中学校教諭
　　　　西貝　裕武　　江東区立深川第三中学校教諭
　　　　高山　早苗　　大田区立雪谷中学校教諭
　　　　本多　敏幸　　世田谷区立池尻中学校教諭
　　　　木村　弘恵　　世田谷区立桜木中学校教諭
　　　　伊地知可奈　　板橋区立向原中学校教諭
　　　　萩原　かよ　　八王子市立第五中学校教諭
　　　　重松　靖　　　小平市立上水中学校教諭
　　　　太田　洋　　　東京学芸大学附属世田谷中学校教諭
顧　問　宗方　隆三　　港区立芝浜中学校長
　　　　　　　　　　　（都中英研会長）
講　師　根岸　雅史　　東京外国語大学助教授
イラスト担当　イラストレーターかよ（高橋香代子）ほか

[平成12年度]
部　長　鬼原　芳枝　　江戸川区立鹿本中学校長
副部長　山本　展子　　江東区立東陽中学校教頭
　　　　廣田　幸男　　豊島区立千川中学校教頭
　　　　山本恵美子　　大田区立大森第四中学校教頭
　　　　飯島　光正　　豊島区立西巣鴨中学校教頭
　　　　安原　美代　　府中市立府中第二中学校教頭
部　員　山口　直美　　港区立赤坂中学校教諭
　　　　関　　実　　　新宿区立落合中学校教諭
　　　　小椋由紀子　　墨田区立両国中学校教諭
　　　　小寺　令子　　墨田区立本所中学校教諭
　　　　白川智恵子　　墨田区立本所中学校教諭
　　　　門松　裕之　　墨田区立文花中学校教諭
　　　　西貝　裕武　　江東区立深川第三中学校教諭
　　　　高山　早苗　　大田区立雪谷中学校教諭
　　　　本多　敏幸　　江東区立深川第八中学校教諭
　　　　木村　弘恵　　目黒区立第一中学校教諭

		伊地知可奈	板橋区立向原中学校教諭
		萩原　かよ	八王子市立第五中学校教諭
		重松　　靖	小平市立上水中学校教諭
		渡辺　香織	足立区立西新井中学校教諭
		藤原　容子	世田谷区立砧南中学校教諭
		太田　　洋	東京学芸大学附属世田谷中学校教諭
顧　問		宗方　隆三	港区立芝浜中学校長
			（都中英研会長）
講　師		根岸　雅史	東京外国語大学助教授
イラスト担当		イラストレーターかよ（高橋香代子）ほか	

[平成13年度]

部　長	山本　展子	江東区立東陽中学校教頭
副部長	廣田　幸男	豊島区立千川中学校教頭
	山本恵美子	大田区立大森第四中学校教頭
	飯島　光正	豊島区立西巣鴨中学校教頭
	安原　美代	府中市立府中第二中学校教頭
部　員	長田　健二	千代田区立錬成中学校教諭
	山口　直美	港区立赤坂中学校教諭
	鈴木　　悟	港区立港南中学校教諭
	関　　　実	新宿区立落合中学校教諭
	阿久津仁史	文京区立第八中学校教諭
	西貝　裕武	江東区立深川第三中学校教諭
	本多　敏幸	江東区立深川第八中学校教諭
	小椋由紀子	墨田区立両国中学校教諭
	小寺　令子	墨田区立本所中学校教諭
	門松　裕之	墨田区立文花中学校教諭
	木村　弘恵	目黒区立第一中学校教諭
	高山　早苗	目黒区立第二中学校教諭
	白川智恵子	北区立清至中学校教諭
	伊地知可奈	練馬区立開進第一中学校教諭
	重松　　靖	世田谷区教育委員会指導主事
	藤原　容子	世田谷区立砧南中学校教諭
	太田　　洋	東京学芸大学附属世田谷中学校教諭
	萩原　かよ	八王子市立第五中学校教諭
	阿坂　眞人	日野市立日野第四中学校教諭
	牧野　彰宏	大田区立大森第七中学校教諭
顧　問	宗方　隆三	港区立三田中学校長
		（都中英研会長）
顧　問	鬼原　芳枝	江戸川区立鹿本中学校長
		（都中英研副会長／調査部担当）
講　師	根岸　雅史	東京外国語大学助教授
イラスト担当	イラストレーターかよ（高橋香代子）	

[平成14年度]

部　長	山本　展子	江東区立東陽中学校教頭
副部長	廣田　幸男	豊島区立千川中学校教頭
	山本恵美子	大田区立大森第四中学校教頭
	飯島　光正	豊島区立西巣鴨中学校教頭
	安原　美代	府中市立府中第七中学校教頭
部　員	長田　健二	千代田区立錬成中学校教諭
	山口　直美	港区立赤坂中学校教諭
	鈴木　　悟	港区立港南中学校教諭
	関　　　実	新宿区立落合中学校教諭
	阿久津仁史	文京区立第八中学校教諭
	西貝　裕武	江東区立深川第三中学校教諭
	本多　敏幸	江東区立深川第八中学校教諭
	斉藤　　豊	江東区立第三亀戸中学校教諭
	小寺　令子	墨田区立本所中学校教諭
	門松　裕之	墨田区立文花中学校教諭
	佐藤　恵美	墨田区立文花中学校教諭
	鈴木　　誠	墨田区立吾嬬第一中学校教諭
	木村　弘恵	目黒区立第一中学校教諭
	高山　早苗	目黒区立第二中学校教諭
	牧野　彰宏	大田区立大森第七中学校教諭
	白川智恵子	北区立清至中学校教諭
	小椋由紀子	荒川区立第三中学校教諭
	伊地知可奈	練馬区立開進第一中学校教諭
	藤原　容子	世田谷区立砧南中学校教諭
	太田　　洋	東京学芸大学附属世田谷中学校教諭
	萩原　かよ	八王子市立第五中学校教諭
	阿坂　眞人	日野市立日野第四中学校教諭
	岸川　裕子	府中市立府中第四中学校教諭
	大谷内千秋	府中市立府中第一中学校教諭
	川口三保子	府中市立府中第三中学校教諭
顧　問	太郎良　博	江戸川区立葛西中学校長
		（都中英研会長）
顧　問	中村　　馨	杉並区立向陽中学校長
		（都中英研副会長／調査部担当）
講　師	根岸　雅史	東京外国語大学助教授
イラスト担当	イラストレーターかよ（高橋香代子）	

[平成15年度]

部　長	山本　展子	江東区立南砂中学校教頭
副部長	廣田　幸男	豊島区立池袋中学校教頭
	山本恵美子	大田区立馬込中学校教頭
	安原　美代	府中市立府中第七中学校教頭
	重松　　靖	国分寺市立第二中学校教頭
部　員	長田　健二	千代田区立錬成中学校教諭
	山口　直美	港区立赤坂中学校教諭
	鈴木　　悟	港区立港南中学校教諭
	関　　　実	新宿区立落合中学校教諭
	阿久津仁史	文京区立第八中学校教諭
	西貝　裕武	江東区立深川第三中学校教諭
	本多　敏幸	江東区立深川第八中学校教諭
	斉藤　　豊	江東区立第三亀戸中学校教諭
	小寺　令子	墨田区立本所中学校教諭
	門松　裕之	墨田区立文花中学校教諭
	佐藤　恵美	墨田区立文花中学校教諭
	鈴木　　誠	墨田区立吾嬬第一中学校教諭
	白川智恵子	北区立清至中学校教諭
	小椋由紀子	荒川区立第三中学校教諭
	伊地知可奈	練馬区立開進第一中学校教諭
	藤原　容子	世田谷区立砧南中学校教諭
	木村　弘恵	世田谷区立砧南中学校教諭
	太田　　洋	東京学芸大学附属世田谷中学校教諭
	阿坂　眞人	日野市立日野第四中学校教諭
	岸川　裕子	府中市立府中第一中学校教諭
	川口三保子	府中市立府中第三中学校教諭
	渡辺　一史	府中市立府中第三中学校教諭
	大谷内千秋	三鷹市立第一中学校教諭
	野口哉寿実	国分寺市立第一中学校教諭
	山下　郁子	国分寺市立第四中学校教諭
	今井　一憲	中野区立中央中学校教諭
	長谷川安男	江戸川区立篠崎中学校教諭

顧　問	太郎良　博	江戸川区立葛西中学校長	
		（都中英研会長）	
顧　問	鬼原　芳枝	江戸川区立鹿本中学校長	
		（都中英研副会長／調査部担当）	
講　師	根岸　雅史	東京外国語大学教授	
イラスト担当	イラストレーターかよ（高橋香代子）		

［平成16年度］
部　長	山本　展子	江東区立第二大島中学校長
副部長	廣田　幸男	豊島区立池袋中学校教頭
	山本恵美子	大田区立馬込中学校教頭
	安原　美代	府中市立府中第七中学校教頭
	重松　靖	国分寺市立第二中学校教頭
	門松　裕之	墨田区立文花中学校主幹
部　員	山口　直美	港区立赤坂中学校教諭
	鈴木　悟	港区立港南中学校教諭
	阿久津仁史	文京区立第八中学校主幹
	兼子　真季	文京区立本郷台中学校教諭
	西貝　裕武	江東区立深川第三中学校主幹
	本多　敏幸	江東区立深川第八中学校教諭
	小寺　令子	墨田区立本所中学校教諭
	佐藤　恵美	墨田区立文花中学校教諭
	岩崎紀美子	大田区立田園調布中学校教諭
	白川智恵子	北区立清至中学校教諭
	小椋由紀子	荒川区立第三中学校教諭
	伊地知可奈	練馬区立開進第一中学校教諭
	大澤　陽子	杉並区立阿佐ヶ谷中学校教諭
	今井　一憲	中野区立中央中学校教諭
	山下　郁子	世田谷区立若林中学校教諭
	長谷川安男	江戸川区立篠崎中学校教諭
	阿坂　眞人	日野市立日野第四中学校教諭
	岸川　裕子	府中市立府中第一中学校教諭
	川口三保子	府中市立府中第三中学校教諭
	大谷内千秋	三鷹市立第一中学校教諭
	野口哉寿子	小平市立小平第六中学校教諭
	大森　博	立川市立立川第四中学校教諭
	太田　洋	東京学芸大学附属世田谷中学校教諭
顧　問	太郎良　博	江戸川区立葛西中学校長
		（都中英研会長）
顧　問	鬼原　芳枝	江戸川区立小岩第四中学校長
		（都中英研副会長／調査部担当）
講　師	根岸　雅史	東京外国語大学教授
イラスト担当	イラストレーターかよ（高橋香代子）	

［平成17年度］
部　長	廣田　幸男	小平市立花小金井南中学校長
副部長	安原　美代	三鷹市立第三中学校長
	重松　靖	国分寺市立第二中学校副校長
	門松　裕之	墨田区立文花中学校主幹
部　員	山口　直美	港区立赤坂中学校教諭
	鈴木　悟	港区立港南中学校教諭
	阿久津仁史	文京区立第八中学校主幹
	兼子　真季	文京区立本郷台中学校教諭
	本多　敏幸	江東区立深川第八中学校教諭
	斉藤　豊	江東区立第三亀戸中学校教諭
	小寺　令子	墨田区立本所中学校教諭
	佐藤　恵美	墨田区立文化中学校教諭
	白川智恵子	北区立清至中学校教諭
	小椋由紀子	荒川区立第三中学校教諭
	伊地知可奈	練馬区立八坂中学校教諭
	大澤　陽子	杉並区立阿佐ヶ谷中学校教諭
	今井　一憲	中野区立中央中学校教諭
	山下　郁子	世田谷区立若林中学校教諭
	木村　弘恵	世田谷区立砧南中学校教諭
	松下　容子	世田谷区立砧南中学校教諭
	三木謙二郎	大田区立馬込中学校教諭
	田中すみ子	豊島区立西巣鴨中学校教諭
	阿坂　眞人	日野市立日野第四中学校教諭
	大谷内千秋	三鷹市立第一中学校教諭
	川口三保子	府中市立府中第三中学校教諭
	岸川　裕子	府中市立府中第一中学校教諭
	野口哉寿子	小平市立小平第六中学校教諭
	大森　博	立川市立立川第四中学校教諭
顧　問	太郎良　博	江戸川区立葛西中学校長
		（都中英研会長）
顧　問	山本　展子	江東区立第二大島中学校長
		（都中英研副会長／調査部担当）
講　師	根岸　雅史	東京外国語大学教授
イラスト担当	イラストレーターかよ（高橋香代子）	

［平成18年度］
部　長	廣田　幸男	小平市立花小金井南中学校長
副部長	重松　靖	国分寺市立第二中学校副校長
	門松　裕之	墨田区立文花中学校主幹
	本多　敏幸	江東区立深川第八中学校教諭
部　員	鈴木　悟	港区立港南中学校教諭
	阿久津仁史	文京区立第八中学校主幹
	兼子　真季	文京区立本郷台中学校教諭
	斉藤　豊	江東区立第三亀戸中学校教諭
	白井　靖子	江東区立第二大島中学校教諭
	佐藤　恵美	墨田区立文花中学校教諭
	白川智恵子	練馬区大泉北中学校教諭
	小椋由紀子	荒川区立第三中学校教諭
	伊地知可奈	練馬区立八坂中学校教諭
	大森　博	練馬区立中村中学校教諭
	大澤　陽子	杉並区立阿佐ヶ谷中学校教諭
	木村　弘恵	世田谷区立砧南中学校教諭
	三木謙二郎	大田区立馬込中学校教諭
	田中すみ子	豊島区立西巣鴨中学校教諭
	阿坂　眞人	日野市立日野第四中学校教諭
	大谷内千秋	三鷹市立第一中学校教諭
	川口三保子	府中市立府中第六中学校教諭
	岸川　裕子	府中市立府中第一中学校教諭
	野口哉寿子	小平市立小平第六中学校教諭
顧　問	備里川正人	足立区立第六中学校長
		（都中英研会長）
顧　問	山本　展子	江東区立第二大島中学校長
		（都中英研副会長／調査部担当）
講　師	根岸　雅史	東京外国語大学教授
イラスト担当	イラストレーターかよ（高橋香代子）	

コミュニカティブ・テスティングへの挑戦

2007年 4 月10日　第 1 刷発行
2014年11月10日　第 3 刷発行

編著者	根岸雅史 東京都中学校英語教育研究会
発行者	株式会社三省堂　代表者　北口克彦
発行所	株式会社三省堂 〒 101-8371　東京都千代田区三崎町二丁目 22 番 14 号 電話　編集　(03) 3230-9411 　　　営業　(03) 3230-9412 振替口座　00160-5-54300 http://www.sanseido.co.jp/
印刷所	三省堂印刷株式会社
CD制作	東京オーディオ・ミュージックレコード

© Negishi Masashi & The Junior High School English Teachers' Association, Tokyo-to

2007 Printed in Japan

ISBN 978-4-385-36281-6
〈コミュニカティブ・テスティング・160pp.〉
乱丁本・落丁本はお取り替えいたします。

Ⓡ本書を無断で複写複製することは、著作権法上の例外を除き、禁じられています。本書をコピーされる場合は、事前に日本複写権センター (03-3401-2382) の許諾を受けてください。また、本書を請負業者等の第三者に依頼してスキャン等によってデジタル化することは、たとえ個人や家庭内での利用であっても一切認められておりません。